La Cucina Sarda

Herbert Taschler
Fotografie: Udo Bernhart

La Cucina Sarda

85 Originalrezepte
aus Sardinien

CHRISTIAN

Inhalt

Sardinien ist anders

Bunte Farben und betörende Gerüche

Wohl kaum jemand, der nach Sardinien kommt, kann sich dem Bann und der einmaligen Atmosphäre der Insel entziehen. Ein buntes Bild an Farben prägt bereits die ersten Eindrücke: Blau und Grün in allen Schattierungen stehen für das sardische Meer und seinen Himmel, Weiß und Grau für endlose Strände, Grün-Gelb-Braun für die faszinierende Landschaft, Grau-Rosa-Schwarz-Silber für ein Meer aus Steinen, ein schmutziges Weiß für riesige Schafherden, ein kräftiges Rot für Korkeichenstämme. Hinzu kommt ein Meer von Gerüchen und Düften: Myrte, Rosmarin und Thymian, mediterrane Macchia und Lorbeer ...

Sardinien bietet mehr

Sardinien ist anders: Strände wie in der Karibik, die höchsten Dünen – bei Piscinas im Südwesten der Insel – und der tiefste Canyon Europas die Gola di Gorropu in den Bergen des Gennargentu, eine geheimnisumwitterte Vergangenheit, die archaischsten Feste und die ursprünglichsten Traditionen ... Ein Land voll Geschichte, voll von sich anziehenden Gegensätzen und Widersprüchen, eine Insel voller Farben und voller Aromen, mit authentischer Küche und spannenden Weinen – Sardinien ist eine Insel, die mehr bietet als einen bloßen Urlaub.

Die zweitgrößte Insel des Mittelmeers ist über das Tyrrhenische Meer nur 202 Kilometer vom italienischen Festland getrennt. Von Tunesien im Süden trennen die Insel gar nur 184 Kilometer. Im Norden liegt Korsika in Sichtweite, nur zwölf Kilometer entfernt und durch die Straße von Bonifacio getrennt. Mit 1,65 Millionen Einwohnern und 68 Einwohnern pro Quadratkilometer ist Sardinien sehr dünn besiedelt. Ein knappes Drittel der Bevölkerung lebt in der Provinz Cagliari.

Hirten und Bauern, Fischer und Touristen

Sardinien ist heute nicht mehr die Insel der Hirten und Bauern wie noch vor wenigen Jahrzehnten. Aber mit fünf Millionen Schafen spielt die Viehzucht nach wie vor eine große Rolle. Die eigentlichen Einwohner Sardiniens sind ja die Schafe. So lange sind sie schon auf der Insel, dass sich die sardische Rasse fast bis auf die hier lebenden Mufflons zurückverfolgen lässt. Die *Pecora sarda* liefert bestes Fleisch und ausgezeichneten Käse. Die Hälfte des italienischen Schafskäses wird in Sardinien produziert. Zu den traditionellen Zuchttieren gehören auch die sardische Bergziege und die Rinderrasse *Bue rosso* aus dem Montiferru.

Wein- und Olivenanbau prägen die Landwirtschaft der Insel. Vom angebauten Gemüse werden vor allem die berühmten sardischen Artischocken exportiert. Im Campidano-Gebiet wird Getreide angebaut, an der Westküste sind es Zitrusfrüchte. Im Norden der Insel spielt die Korkproduktion eine wichtige Rolle. Beinahe die gesamte Korkproduktion Italiens kommt aus Sardinien.

In den vergangenen Jahrzehnten haben die Sarden auch den Fischfang für sich entdeckt: Thunfisch in Carloforte und Portoscuso, Langusten in Alghero und Santa Teresa, Meeräschen und Aale in den Lagunen von Oristano sowie Miesmuscheln in Olbia bereichern das vielfältige Angebot.

La cucina sarda

Eine Entdeckungsreise

»Der Inbegriff für die Identität eines Gebietes ist seine Küche«, schreibt Michela Murgia, die bekannteste junge Schriftstellerin Sardiniens, »egal, wo wir hingehen, wir wollen überall die typischen Sachen der Gegend essen – wobei die wirklich typischen Gerichte meist nur jene sind, die die Menschen zu Hause für sich selbst zubereiten.«

A fogu lentu – auf kleiner Flamme

Die Küche Sardiniens verkörpert in ihrer Tradition eine Philosophie der Einfachheit, der Unverfälschtheit und der Bodenständigkeit. In ihren Ursprüngen ist sie sparsam, bescheiden und genügsam. In ihren Grundprodukten aber kommt eine großartige Vielfalt von Geschmack und Intensität zum Ausdruck. Denken wir nur an die Würze des *Pecorino sardo* oder an den Duft frischen Brotes, die hausgemachte Pasta und das zarte, am offenen Feuer gegrillte Lammfleisch …

Bis vor einem halben Jahrhundert war in Sardinien an Typischem vor allem der Hunger zu Hause. Dieser wurde mit einfachen, armen Gerichten – vor allem auf der Basis von Hülsenfrüchten und Getreide – gestillt, ist Michela Murgia überzeugt: »Die lange Periode an Armut hat bei den Sarden ein geradezu rituelles Verhältnis zum Essen entwickelt, das an die oberste Stelle das Teilen stellt. Jedes Essen im Haus wird geteilt, immer und überall und mit jedem, der dazustößt.«

Das ist wohl auch das Geheimnis der sardischen Gastfreundschaft, die keine Grenzen kennt. Wer einmal bei einer sardischen Familie zum Essen oder zum *Spuntino*, einer lang anhaltenden, üppigen Jause auf dem Land, eingeladen ist, der kommt aus dem Staunen in Anbetracht der Vielfalt der angebotenen Spezialitäten nicht mehr heraus.

Typisch Sardinien?

Die vielen Touristen tummeln sich meist an den feinen Sandstränden Sardiniens und genießen in den Strandrestaurants Fische und Krustentiere. Der Sarde im Hinterland isst dagegen seine Schafe. Die über fünf Millionen Schafe sind nämlich die heimlichen Einwohner Sardiniens.

Die typischen Gerichte Sardiniens weisen deshalb meist ins Landesinnere, bestehen aus Pasta, Gemüse und Fleisch. Schaf, Schwein und Rind gehören mit ihrer Qualität zum Besten, was Italien zu bieten hat. Gemüse und Getreide sind von mediterraner geschmacklicher Vielfalt geprägt – ebenso wie das Olivenöl, das beinahe jedes Gericht anreichert.

Eine Ausnahme bilden da nur die beiden kleinen Inseln Sant'Antioco und San Pietro sowie Alghero. Den Fischfang haben die Sarden im Laufe der Geschichte meist den Einwanderern aus Ligurien, Kampanien und Spanien überlassen. Diese haben die Speisekarten des heutigen Sardiniens mit Thunfisch und Mooräschen, mit Bottarga und Langusten angereichert.

Fangfrisch und auf dem Holzkohlegrill geröstet, mit aromatischen Kräutern und etwas Knoblauch gewürzt, entfalten auch die weniger teuren Fische wie die Meeräsche und sogar die billigen Sardinen ein herrliches Aroma.

Brot und Pasta

Im Mittelpunkt der sardischen Küche steht das Brot in seinen vielfältigen Ausdrucksformen: *Pane carasau* – aus Hartweizen, hauchdünn und zweimal gebacken – ist das typische Brot der Hirten. *Pane guttiau* wird mit Olivenöl und Salz gewürzt. *Pane pistoccu* ist krosser und fester und wird vor dem Verzehr mit Wasser oder Olivenöl aufgeweicht. *Civraxiu* oder *Moddizzosu*, große, rustikale Brotlaibe, sind das Brot für den Alltag. *Culurgiones*, gefüllte Ravioli aus der Ogliastra, *Malloreddus*, kleine Gnocchi aus Hartweizengrieß, und *Fregula*, kleine, couscousähnliche Nudeln, zählen zu den traditionsreichsten sardischen Pasta-Gerichten.

Porceddu und Pecorino

Porceddu, das gebratene und mit Myrtenzweigen gewürzte Milchschwein, sowie Lammbraten und Spezialitäten vom berühmten *Bue rosso* aus dem Montiferru zählen zu den beliebtesten Fleischspeisen. *A carraxiau*, der in Touristenführern viel gepriesene Braten aus der Erde – das Tier gart auf der Glut in einer mit Erde bedeckten Grube –, ist in der sardischen Tradition kaum verwurzelt.

Und dann kommt die große Vielfalt an Käsespezialitäten an die Reihe: *Pecorino sardo, Pecorino romano* und *Fiore sardo* sind Interpretationen des einzigartigen sardischen Schafskäses. *Casu axeddu* ist ein Frischkäse vom Schaf oder von der Ziege, ebenso einzigartig wie der frische Ricotta. Den berüchtigten *Casu marzu*, den überreifen »Schafskäse mit Fliegenmaden«, gibt es offiziell nicht im Handel.

Dulcis in fundo

Nicht zu vergessen sind die Süßigkeiten, bei denen jede Ortschaft ihre jeweils eigenen Spezialitäten zu bieten hat: mit Mandeln und Nüssen, Pinienkernen, Honig und Traubenmost, mit Sultaninen und Zuckerglasur, mit Zitrusfrüchten und Frischkäse. Und auch der Honig Sardiniens überzeugt in all seinen faszinierenden Geschmacksrichtungen: von Orangenblüten, Eukalyptus, Akazien, mediterraner Macchia, Kastanien und Erdbeerbäumen ...

BENVENUTI
DA
ANTONIO

Sardiniens Welt der Weine

Cannonau, Vermentino, Carignano …

Cannonau und Carignano, Monica und Nuragus, Vermentino und Vernaccia – Sardinien hat auch bei Weinen einiges zu bieten. Der sardische Weinmarkt ist zwar vor allem von einfachen, ehrlichen Weinen geprägt, die ausgezeichnet zu den schmackhaften Gerichten der Insel passen – die Qualität der Weine Sardiniens machte in den vergangenen Jahren aber immer mehr von sich reden.

Die Geschichte des Weinbaus reicht in Sardinien drei Jahrtausende zurück. Dabei hat die Insel Rebsorten kultiviert, die so eigenwillig sind wie die Sarden selbst. Heute zählen zwar die roten Cannonau und Carignano sowie der weiße Vermentino zu den wichtigsten und bekanntesten Weinen der Insel. Unbedingt probiert werden sollten aber auch urtypisch sardische Weine wie der rote Monica di Sardegna, die weißen Nuragus di Cagliari und Vernaccia di Oristano oder der süße Malvasia di Bosa, um nur einige zu nennen.

Den Cannonau haben vermutlich die Spanier mit auf die Insel gebracht. Er ist mit dem spanischen Garnacha und dem französischen Grenache verwandt und wird in ganz Sardinien angebaut. Am besten gedeiht der füllige Wein mit seiner Kraft und seinen reifen Aromen aber in der bergigen Provinz Nuoro. Der Carignano aus dem trockenen und heißen Sulcis-Gebiet im Südwesten der Insel ist mit der Rebsorte Carignan in Südfrankreich verwandt. Die Weine präsentieren sich gerbstoffreich und strukturiert mit vielen Fruchtaromen und erinnern im Geschmack oft etwas an den Mirto sowie an reife Pflaumen.

Der beste weiße Vermentino mit einem ganz eigenen Geschmacksprofil kommt aus der Gallura im hügeligen Nordosten. Hier wächst der erste und einzige sardische Wein, der die DOCG-Anerkennung (kontrollierte und geschützte Ursprungsbezeichnung) erhalten hat. Frische Fruchtaromen und Saftigkeit mit angenehmer Tiefe prägen den typischen Weißen Sardiniens.

Rebfläche

18 500 Hektar (2,85 % der gesamten Weinbaufläche Italiens) davon

- Cannonau 29 %
- Vermentino 17 %
- Carignano 9 %
- Monica 7 %
- Nuragus 7 %
- Andere 31 %

La cucina marinara
Die Küche der Fischer und Küstenbewohner

Ocean

An Sardiniens Küsten

Traumhafte Strände laden zum Erholen und Genießen ein

Es soll Menschen geben, die von Sardinien nur die Costa Smeralda kennen: ihre Strände mit azurblauem Meer, ihr mondänes Leben, ihre VIP-Lokale und ihr heißes Nachtleben. Die Costa Smeralda zwischen Golfo Aranci und Porto Cervo im Nordosten der Insel ist Symbol und Inbegriff für Exklusivität und Luxus sowie Treffpunkt für Stars und Sternchen. Sardiniens Küsten bieten aber weit mehr …

Traumhafte, kilometerlange Strände, versteckte Buchten, glasklares, tief azurblaues Meer, ein weitgehend naturbelassenes Hinterland und ein komfortables Feriendorf nach dem anderen – damit überrascht die Ostküste Sardiniens südlich von Olbia. Die Costa Rei im Südosten Sardiniens ist im wahrsten Sinne des Wortes eine Küste für Könige. Kilometerlange, feine Sandstrände werden nur durch kleine Buchten und Felsklippen unterbrochen. Sanfte Hügel mit grüner Macchia leuchten im Hintergrund – mit markanten Granitfelsen mittendrin.

Der südliche Zipfel Sardiniens besticht durch Natur und Kultur, Beschaulichkeit und Lebensfreude. In den Süden und Westen der Insel kommen Touristen wegen der zauberhaften Strände, der unberührten Natur und der Ursprünglichkeit der Gegend. Im Nordwesten Sardiniens können die einmalige weiße Kalkfelsenlandschaft und die berühmte Grotta di Nettuno bewundert werden.

Ristorante »La Tavernetta«

San Teodoro, Spiaggia di Porto Taverna

Das ehemalige Fischerdorf San Teodoro südlich von Olbia hat sich zu einem der beliebtesten Tourismuszentren an der Ostküste Sardiniens entwickelt. Der Landstrich ist für seine einmaligen Strände bekannt.

Die zauberhafte Lage in der kleinen Bucht direkt am Strand von Porto Taverna ist auf jeden Fall einen Besuch wert. Pino Manfredi führt hier seit 1999 mit großer Leidenschaft sein einladendes Restaurant »La Tavernetta« – mit Blick aufs Meer und auf die gegenüberliegende Insel Tavolara. Sein Erfolgsgeheimnis: hochwertige Produkte aus der unmittelbaren Umgebung, originelle, aber nicht abgehobene Gerichte, Liebe zum Detail und ein effizienter Service.

Als erfrischend einladenden Antipasto präsentiert Küchenchef Cristian Vadacà dieses einfache und schnell zuzubereitende Tatar vom Schattenfisch mit Feigen.

Tartare di ombrina con fichi

Tatar vom Schattenfisch mit Feigen

Für 4 Personen · Zubereitung: 20 Minuten · Schwierigkeitsgrad: leicht

4 Schattenfisch- oder Adlerfischfilets (à 120 g)
1 Bund frischer Schnittlauch
Salz
frisch gemahlener schwarzer Pfeffer
etwas Olivenöl extra vergine zum Beträufeln
4 frische Feigen

Die Fischfilets kurz unter fließendem kaltem Wasser waschen, trocken tupfen und mit dem Messer in kleine Würfel schneiden. Den Schnittlauch waschen, trocken tupfen und in feine Röllchen schneiden. Drei Viertel mit den Fischwürfeln mischen, den Rest zum Garnieren beiseitestellen. Salzen, pfeffern und gut mit Olivenöl beträufeln.

Die Feigen schälen und in größere Stücke schneiden. Drei Viertel mit den Fischwürfeln vermischen, den Rest zum Garnieren beiseitestellen.

Das Tatar auf vier Tellern anrichten und mit den restlichen Schnittlauchröllchen und den beiseitegestellten Feigenstücken garnieren. Dazu passt *Pane carasau* oder getoastetes Weißbrot.

Olbia eilt zu Recht der Ruf voraus, das sardische Zentrum der Miesmuschelzucht zu sein. In der flachen Bucht vor der Stadt werden die delikaten Meeresfrüchte geerntet, die zum Symbol der lokalen Küche geworden sind.

Guazzetto del golfo

Miesmuscheln nach Olbia-Art

Für 4 Personen · Zubereitung: 15 Minuten · Kochzeit: 10 Minuten · Schwierigkeitsgrad: leicht

1,5 kg Miesmuscheln (Cozze)
2 Knoblauchzehen
5 Stängel frische Petersilie plus etwas frisch gehackte Petersilie zum Bestreuen
Olivenöl extra vergine zum Braten plus etwas Olivenöl zum Beträufeln
250 g Tomatensauce (aus der Dose)

Die Miesmuscheln gründlich putzen: Unter fließendem Wasser von eventuell anhaftenden Kalkresten befreien und noch vorhandene Barthaare herausziehen. Vor dem Garen bereits geöffnete Muscheln wegwerfen.

Die Knoblauchzehen abziehen und etwas andrücken. Die Petersilienstängel waschen, trocken tupfen und leicht andrücken. In einer großen Pfanne das Olivenöl erhitzen und die Knoblauchzehen darin anschwitzen. Die leicht angedrückten Petersilienstängel dazugeben. Die Tomatensauce hinzufügen und 5 Minuten aufkochen lassen. Die Miesmuscheln in die Tomatensauce geben und kochen, bis sich die Muscheln öffnen.

Auf vier Tellern anrichten, mit gehackter Petersilie bestreuen und mit etwas Olivenöl beträufeln. Dazu getoastete Weißbrotscheiben reichen.

Die sardischen Nudeln *Maccarones de busa* werden neben den *Malloreddus* in vielen sardischen Rezepten verwendet. Sie ähneln kurzen Makkaroni mit einem Schlitz und wurden früher mit einer Nadel oder einem Draht *(busa)* gerollt.

Maccarones de busa con cozze

Maccarones mit Miesmuscheln

Für 4 Personen · Zubereitung: 15 Minuten · Kochzeit: 10–15 Minuten · Schwierigkeitsgrad: leicht

400 g Miesmuscheln
2 Knoblauchzehen
Olivenöl extra vergine zum Braten
100 g Tomatensauce (aus der Dose)
400 g Maccarones (oder eine andere Pasta)
Salz
frisch gehackte Petersilie zum Bestreuen
frisch gehacktes Basilikum zum Bestreuen

Die Miesmuscheln gründlich putzen: Unter fließendem Wasser von eventuell anhaftenden Kalkresten befreien und noch vorhandene Barthaare herausziehen. Vor dem Garen bereits geöffnete Muscheln wegwerfen.

Die Knoblauchzehen abziehen und etwas andrücken. In einer großen Pfanne das Olivenöl erhitzen und die Knoblauchzehen darin anschwitzen. Die Tomatensauce hinzufügen und 5 Minuten aufkochen lassen. Miesmuscheln in die Tomatensauce geben und kochen, bis sich die Muscheln öffnen.

In der Zwischenzeit die Pasta in kochendem Salzwasser bissfest garen. Durch ein Sieb abgießen und in der Pfanne gut mit der Miesmuschelsauce vermischen.

Auf vier Tellern anrichten, mit Petersilie und Basilikum bestreuen und heiß servieren.

Risotto ai frutti di mare ist ein klassisches Rezept der Mittelmeerküche. Hier die Interpretation von »La Tavernetta«-Küchenchef Cristian Vadacà.

Risotto ai frutti di mare

Risotto mit Meeresfrüchten

Für 4 Personen · Zubereitung: 20 Minuten · Kochzeit: 25–30 Minuten · Schwierigkeitsgrad: mittel

1 kleiner Oktopus (ca. 500 g)
1 kg Mies- und Teppichmuscheln
1 kleines Goldbrassenfilet (ca. 200 g)
2 Knoblauchzehen
1 kleine weiße Zwiebel
5 Stängel frische Petersilie plus etwas frisch gehackte Petersilie zum Bestreuen
Olivenöl extra vergine zum Braten plus etwas Olivenöl zum Abschmecken
240 g Reis (Vialone nano)
200 ml Vermentino (oder anderer trockener Weißwein)
500 ml Fischfond
Salz
frisch gemahlener schwarzer Pfeffer
einige kleine Tintenfische und Garnelen (verzehrfertig gekauft)
etwas Peperoncino (Chiliflocken; nach Belieben)

Den Oktopus gründlich putzen, abbrausen, trocken tupfen und in Streifen schneiden. Die Muscheln ebenfalls gründlich putzen: Unter fließendem Wasser von eventuell anhaftenden Kalkresten befreien und noch vorhandene Barthaare herausziehen. Vor dem Garen bereits geöffnete Muscheln wegwerfen.

Das Goldbrassenfilet unter fließendem kaltem Wasser abbrausen, trocken tupfen und in Stücke schneiden.

Die Knoblauchzehen abziehen und etwas andrücken. Die Zwiebel abziehen und in kleine Würfel schneiden. Die Petersilienstängel waschen, trocken tupfen und leicht andrücken. In einem Topf das Olivenöl erhitzen, Knoblauch, Zwiebel und Petersilienstängel darin anschwitzen. Den Reis hinzufügen und darin anrösten, dann mit dem Wein ablöschen. Den Reis köcheln lassen, dabei immer wieder gut umrühren und bei Bedarf etwas heißen Fischfond angießen. Nach Belieben mit Salz und Pfeffer würzen.

Nach 15 Minuten der Reihe nach den in Streifen geschnittenen Oktopus, die kleinen Tintenfische und Garnelen sowie das in Stücke geschnittene Goldbrassenfilet hinzufügen. Nach drei Vierteln der Kochzeit die Muscheln dazugeben und den Reis al dente kochen.

Den Risotto mit gehackter Petersilie und etwas Olivenöl abschmecken – nach Belieben auch mit etwas *Peperoncino* –, auf vier Tellern anrichten und heiß servieren.

Die *Tagliata* vom Thunfisch ist ein schnell und einfach zuzubereitendes, gesundes und schmackhaftes Gericht. Küchenchef Cristian Vadacà verfeinert das Gericht mit einer *Bottarga*-Creme und verleiht dem Thunfisch so einen ganz besonders typischen Hauch von Sardinien.

Tagliata di tonno con crema di bottarga

Tagliata vom Thunfisch mit Bottarga-Creme

Für 4 Personen · Zubereitung: 20 Minuten · Kochzeit: 30–40 Minuten · Schwierigkeitsgrad: leicht

Für die Tagliata

4 Thunfischfilets (à 160 g)
Olivenöl extra vergine zum Marinieren und Braten
Salz
frisch gemahlener schwarzer Pfeffer
2 Stangen Sellerie

Für die Bottarga-Creme

15 g Butter
50 g Bottarga (Rogen von der Meeräsche), gerieben
200 g saure Sahne
50 ml eingekochte, konzentrierte Bratensauce

Außerdem

grobes Salz zum Bestreuen
Olivenöl extra vergine zum Beträufeln

Für die *Tagliata* die Thunfischfilets gut mit Olivenöl, Salz und Pfeffer einmassieren. Die Selleriestangen putzen, von den Fasern befreien, in feine »Spaghetti« schneiden und ebenfalls in Olivenöl, Salz und Pfeffer marinieren.

In einer Pfanne etwas Olivenöl erhitzen und die Thunfischfilets darin 1 Minute pro Seite scharf anbraten.

Für die *Bottarga*-Creme die Butter in einer Pfanne zerlassen, *Bottarga*, Sahne sowie Bratensauce untermischen und in 30 Minuten bei geringer Temperatur zu einer feinen Creme einkochen lassen.

Die Sellerie-»Spaghetti« auf vier Tellern anrichten, den gebratenen Thunfisch in Stücke schneiden und darauf platzieren. Mit grobem Salz und einigen Tropfen Olivenöl anrichten und mit etwas *Bottarga*-Creme servieren.

Vermentino di Sardegna und Vermentino di Gallura

Sardiniens bekanntester Weißwein

Der Vermentino, der bekannteste Weißwein Sardiniens, kam im 19. Jahrhundert aus Ligurien und über Korsika nach Sardinien und hat sich seither auf der ganzen Insel verbreitet – mit einladenden Weinen, die sich je nach Anbaugebiet und Produzent stark voneinander unterscheiden.

Der Vermentino di Gallura, der einzige DOCG-Wein *(denominazione di origine controllata e garantita)* mit kontrollierter und geschützter Ursprungsbezeichnung Sardiniens, stammt aus dem Norden der Insel. Der hügelige Nordosten zwischen Nuoro, Olbia und Sassari bietet die besten Voraussetzungen für die weiße Sorte Vermentino. Hier ist es nicht ganz so heiß wie im restlichen Sardinien und der Granitanteil in den Böden begünstigt die Finesse des Weins.

Ein guter Vermentino überzeugt durch sein charakteristisches Geschmacksprofil: durch sein feines und delikates Bouquet mit grüngelben Fruchtaromen und weißen Blüten, seine Frische und Eleganz, seine animierende Saftigkeit sowie seinen leicht bitteren Abgang. Der Wein passt hervorragend als Aperitif sowie zu den Fisch- und Meeresspezialitäten der Region.

Alghero

Die Stadt mit den katalanischen Wurzeln

»Barceloneta«, das kleine Barcelona, nennen die Einheimischen liebevoll ihre Stadt an der Westküste Sardiniens. Die mehrere Jahrhunderte andauernde Herrschaft der Katalanen hat ihre Spuren hinterlassen – nicht nur auf den Straßenschildern. Spanisches Flair durchzieht die engen Gassen der schmucken Altstadt. Ein Viertel der Bevölkerung spricht noch ihren alten katalanischen Dialekt.

Die wohl schönste Stadt Sardiniens liegt auf einem markanten Felsvorsprung im Nordwesten der Insel an der Riviera del Corallo, der Korallenriviera. Machtige, dicke Festungsmauern umschließen die Altstadt von drei Seiten, schützen sie zum Meer hin und machen sie zu einer kleinen Insel auf der Insel. Sprache und Kultur, Geschichte und Tradition, Brauchtum und Küche der knapp 44.000 Einwohner von Alghero unterscheiden sich zum Teil erheblich von jener des restlichen Sardiniens.

Cristiano Andreini

Trattoria »Al Refettorio« – Alghero

Cristiano Andreini, Jahrgang 1972, zählt zu den bekanntesten und erfolgreichsten jungen Küchenchefs Sardiniens. 2010 mit einem Michelin-Stern ausgezeichnet, kehrte er nach einem Intermezzo in Moskau wieder zu seinen Wurzeln nach Alghero zurück. Seine Trattoria »Al Refettorio« liegt im historischen Zentrum von Alghero, nur wenige Minuten von der Bastion und der Piazza Civica entfernt. Cristiano Andreini legt den Schwerpunkt seiner Küche auf die typischen Gerichte der katalanisch inspirierten Küchentradition der Stadt und interpretiert diese neu und innovativ. 2018 hat Chef Cristiano auf der gegenüberliegenden Straßenseite außerdem sein »Refettorio Pizza & Casu« mit einem Angebot von Pizza und heimischen Wurst- und Käsespezialitäten eröffnet.

Man sagt ihnen nach, dass es die zartesten und besten der Welt seien: die Langusten von Alghero. Die tiefen Gewässer in der Bucht von Alghero sind besonders nährstoffreich. Cristiano Andreini bereitet sie ganz klassisch und nach traditionellen Rezepten *alla catalana* zu – mit einigen innovativen Impulsen.

Llagosta, colors de pomara, àpiu i ceba
Aragosta, colori di pomodoro, sedano e cipolla
Langusten, bunte Tomaten, Sellerie und Zwiebel

Für 4 Personen · Zubereitung: 30 Minuten · Kochzeit: 18 Minuten · Schwierigkeitsgrad: mittel

1 Languste (1 kg)
200 g kleine Tomaten in verschiedenen Farben
80 g Stangensellerie
40 g Chicorée
5 g frisches Basilikum
50 g fein geschnittene Zwiebelscheiben, 4 Stunden in Essig mariniert
Salz
300 g Hirn (Innereien) der Langusten (Cervella di un aragosta)
180 ml Olivenöl extra vergine
2 EL Weißweinessig
1 EL frisch gepresster Zitronensaft
frisch gemahlener schwarzer Pfeffer

Die Languste 18 Minuten in heißem Wasser kochen, dann das Wasser abseihen. Die Languste langsam abkühlen lassen, anschließend schälen und das Fleisch in größere Stücke schneiden.

Die Tomaten waschen, trocken tupfen und halbieren. Stangensellerie putzen, entfädeln und in Stücke schneiden. Chicorée putzen, waschen und in Streifen schneiden. Basilikumblätter waschen und trocken tupfen. Tomaten, Sellerie, Chicorée, Basilikum und Zwiebelscheiben mit dem Langustenfleisch mischen und salzen.

Das Hirn der Languste (die korallenrote Masse aus dem Kopf der Tiere) mit Olivenöl, Weißweinessig und Zitronensaft zu einer cremigen Sauce verrühren, salzen und pfeffern.

Das Gemüse auf vier Tellern anrichten, die Langustenstücke darauf platzieren und alles mit der Sauce marinieren.

Cristiano Andreini tischt ein nahrhaftes und deftiges Gericht aus der Arme-Leute-Küche der Vergangenheit Algheros auf, das an kalten Wintertagen herrlich wärmt und mundet. Übrigens: Aufgewärmt schmeckt das Gericht noch besser.

Ciuró, col i fenoli salvatge
Ceci, cavoli e finocchietto

Kichererbsen, Wirsing und Fenchel

Für 4 Personen · Zubereitung: 20 Minuten · Vorbereitungszeit: 12 Stunden
Kochzeit: 2 Stunden · Schwierigkeitsgrad: leicht

400 g getrocknete Kichererbsen
1 weiße Zwiebel
1 kg Wirsingblätter
1 Knolle Fenchel
1 Bund Fenchelgrün (wilder Fenchel)
2 vorwiegend festkochende Kartoffeln
50 g getrocknete Tomaten (ohne Öl)
Olivenöl extra vergine zum Braten
Salz
frisch gemahlener schwarzer Pfeffer
etwas Peperoncino (Chiliflocken)

Am Vortag die Kichererbsen in einem Topf mit kaltem Wasser bedecken und idealerweise 24 Stunden, mindestens jedoch 12 Stunden quellen lassen. Am Tag der Zubereitung durch ein Sieb abgießen und gründlich abbrausen.

Die Zwiebel abziehen und klein würfeln. Die Wirsingblätter waschen und trocken tupfen. Den Fenchel putzen, waschen und in Scheiben schneiden. Das Fenchelgrün waschen und trocken schütteln. Die Kartoffeln schälen und in Würfel schneiden.

Kichererbsen, Fenchel, Fenchelgrün, Kartoffeln, Tomaten sowie Olivenöl in eine große Pfanne geben und mit Wasser auffüllen. Das Ganze zum Kochen bringen, dabei eventuell entstehenden Schaum abschöpfen. Bei mittlerer Temperatur 2 Stunden köcheln lassen. 15 Minuten vor Ende der Kochzeit die Wirsingblätter hinzufügen. Abschließend mit Salz, Pfeffer und etwas *Peperoncino* abschmecken. Vor dem Servieren soll die Suppe 2–3 Stunden ruhen.

Nach Belieben kann in der Suppe ein Stück Schweinebauch oder Bauchspeck mitgekocht, zum Schluss in kleine Stücke geschnitten und untergemischt werden.

Der Begriff »Paella« kommt aus dem Katalanischen und hat seinen Ursprung im lateinischen Wort »*patella*«, eine Art große und flache Metallschüssel. Cristiano Andreini verwendet für das Nationalgericht der Region Valencia und der spanischen Ostküste anstelle von Reis sardische *Fregula*.

Paella de frègula, ortigada, sípia i pebre dolç

Paella di fregula, anemoni, seppie e peperoni

Paella mit Fregula, Meeranemonen, Tintenfischen und Paprika

Für 4 Personen · Zubereitung: 30–40 Minuten · Kochzeit: 20–30 Minuten · Schwierigkeitsgrad: mittel

Für die Paella

300 g Tintenfische
2 Knoblauchzehen
100 g getrocknete Tomaten (ohne Öl)
200 ml Olivenöl extra vergine
etwas Peperoncino (Chiliflocken)
50 ml Vermentino (oder anderer trockener Weißwein)
100 ml Gemüsebrühe
12 Meeresanemonen (oder Miesmuscheln)
etwas Hartweizengrieß
400 g Fregula
Salz
200 ml Fischfond
1 rote Paprikaschote, im Ofen gegrillt und enthäutet

Für die Salsa aioli (Knoblauchsauce)

100 ml Milch (3,5 % Fett)
2 g frischer Ingwer
4 g Schalotten
3 ml Weißweinessig
Salz
frisch gemahlener schwarzer Pfeffer
250 ml Sonnenblumenöl

Für die Paella die Tintenfische putzen, abbrausen, trocken tupfen und in kleine Würfel schneiden. Die Knoblauchzehen abziehen und klein würfeln. Die getrockneten Tomaten klein hacken. In einer großen Pfanne 100 ml Olivenöl mit etwas *Peperoncino* erhitzen. Knoblauch und Tomaten darin anschwitzen. Tintenfischwürfel hinzufügen, mit Weißwein und Gemüsebrühe aufgießen und köcheln lassen.

Die Meeresanemomen putzen, vorsichtig abbrausen, trocken tupfen, in Grieß wälzen und im restlichen Olivenöl frittieren.

Die *Fregula* in einer Pfanne bei mittlerer Hitze kurz toasten, salzen und dann mit dem Fischfond aufgießen und kochen. Nach 5 Minuten – zur Hälfte der Kochzeit – die Tintenfische dazugeben und fertig kochen. 2 Minuten vor Kochende die Pfanne bei 180 °C Oberhitze kurz in das Backrohr schieben, um die *Fregula* leicht zu gratinieren.

Die Paella auf Tellern anrichten und mit den im Ofen getoasteten und gehäuteten Paprikastreifen sowie den Meeresanemonen garnieren.

Die Meeresanemonen können auch durch Miesmuscheln ersetzt werden: Diese im Dampf kochen, bis sie sich öffnen, aus den Schalen nehmen und dann mit Grieß panieren und frittieren.

Für die Knoblauchsauce sämtliche Zutaten bis auf das Sonnenblumenöl im Mixer gut zerkleinern und verrühren. Dann das Öl in einem dünnen Strahl langsam unter ständigem Rühren zugießen und so lange aufschlagen, bis eine cremige Sauce entsteht.

Das Gericht zum Schluss mit der Knoblauchsauce abschmecken und heiß servieren.

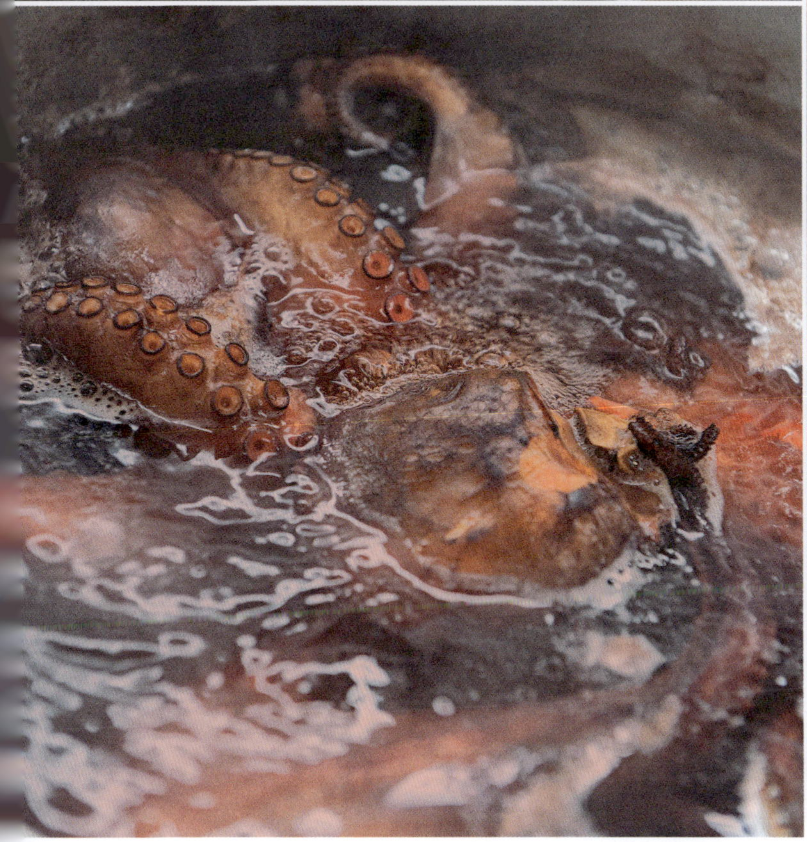

Der *Polpo in agliata,* der Oktopus mit der typischen algheresischen Knoblauchsauce, zählt zu den traditionsreichen Gerichten der Meeresküche in Alghero. Für Salvatore Fortunato schmeckt der *Polpo* am besten am Tag nach der Zubereitung kalt serviert. Cristiano Andreini wandelt das klassische Gericht leicht ab und interpretiert es neu.

Allada algueresa de polp, poma de terra, judia tendra i metles

Polpo in agliata algherese, patate, fagiolini e crema di mandorle

Oktopus mit algheresischer Knoblauchsauce, Kartoffeln, Bohnen und Mandelcreme

Für 4 Personen · Zubereitung: 60 Minuten · Koch- und Frittierzeit: 80 Minuten · Schwierigkeitsgrad: mittel

Für die Kartoffeln und die Bohnen

4 mittelgroße festkochende Kartoffeln
500 ml Erdnussöl zum Frittieren
100 g grüne Bohnen
Salz

Für den Oktopus

1 Oktopus (1,5 kg)
etwas Hartweizengrieß zum Panieren
500 ml Erdnussöl zum Frittieren

Für die Mandelcreme

125 g Mandelkerne
100 ml Milch (3,5 % Fett)
Salz

Für die traditionelle Agliata algherese

100 g getrocknete Tomaten (ohne Öl)
3 Knoblauchzehen
100 g frische oder passierte Tomaten
4 EL Olivenöl extra vergine
1 EL Weißweinessig
etwas Peperoncino (Chiliflocken)
Salz

Für Kartoffeln und Bohnen die Kartoffeln gründlich abbürsten und waschen, dann mit der Aufschnittmaschine in sehr dünne Scheiben schneiden. Die Scheiben anschließend wieder zusammenfügen, die Kartoffeln vakuumverpacken und bei 90 °C 50 Minuten kochen. In kaltem Wasser und Eis abkühlen, die Kartoffelscheiben etwas lockern und in heißem Erdnussöl frittieren. Die grünen Bohnen in kochendem Salzwasser bissfest garen.

Den Oktopus ausnehmen und gründlich putzen. Dann in eine Pfanne mit warmem Wasser geben und bei mittlerer Temperatur 50–60 Minuten kochen. Den Oktopus im eigenen Kochwasser abkühlen lassen, dann in Stücke schneiden, diese mit Grieß panieren und in heißem Öl frittieren.

Für die Mandelcreme sämtliche Zutaten mit 100 ml Wasser im Mixer gut zu einer glatten Creme verrühren. Bei Bedarf noch etwas Wasser hinzufügen.

Für die *Agliata algherese* die getrockneten Tomaten sehr fein hacken. Die Knoblauchzehen abziehen und ebenfalls sehr fein hacken. Frische Tomaten waschen, trocken tupfen, die Stielansätze entfernen und das Fruchtfleisch klein schneiden.

In einer Pfanne das Olivenöl erhitzen, Knoblauch und getrocknete Tomaten darin anschwitzen. Die klein geschnittenen frischen oder passierte Tomaten hinzufügen und unter ständigem Umrühren bei mittlerer Temperatur kochen, bis die Flüssigkeit einkocht. Den Weißweinessig unterrühren und mit etwas *Peperoncino* und Salz abschmecken.

Den frittierten Oktopus sowie Kartoffeln und grüne Bohnen auf vier Tellern anrichten und mit der *Agliata algherese* marinieren. Zum Schluss das Ganze mit der Mandelcreme verfeinern.

Zum Abschluss seines Menüs serviert Cristiano Andreini eine erfrischende Süßspeise mit einem anregenden Hauch von Zitrusfrüchten und Mandelaromen.

Torta de menjar blanc i agrums, gelat de lavanda
Menjar blanc con agrumi e gelato alla lavanda
Menjar-blanc-Torte mit Zitrusfrüchten und Lavendeleis

Für 4 Personen · Zubereitung: 60 Minuten · Backzeit: 45 Minuten · Schwierigkeitsgrad: mittel

Für den Teig
70 g Schmalz
250 g Weichweizengrieß
250 g Weizenmehl (Type 00)
50 g Zucker
2 Eier (Größe M)

Für die Füllung
100 g Maisstärke
200 g Zucker
Abrieb von 1 unbehandelten Zitrone
1 l Milch (3,5 % Fett)

Für die Mandelcreme
125 g Mandelkerne, blanchiert
100 ml Milch (3,5 % Fett)
30 g Puderzucker

Für die Dekoration
4 Mandarinen, inklusive weißer Haut geschält und in Spalten geteilt
30 g Mandelkerne, geröstet und gehackt
200 g Lavendeleis

Für den Teig das Schmalz in 100 ml lauwarmem Wasser aufweichen und das Ganze mit Grieß, Mehl, Zucker und Eiern zu einem feinen, homogenen Teig verkneten.

Für die Füllung Maisstärke, Zucker und Zitronenabrieb in der Milch aufkochen, bis eine cremige Masse entsteht, dann beiseitestellen und abkühlen lassen.

Den Teig mit einem Nudelholz zu zwei Blättern ausrollen und eines davon in einer Tortenform ausbreiten. Die Füllung auftragen und mit dem zweiten Teigblatt gut abdecken. Im Backofen bei 180 °C Ober-/Unterhitze etwa 45 Minuten backen.

Für die Mandelcreme sämtliche Zutaten mit 100 ml Wasser im Mixer gut zu einer glatten Creme verrühren. Bei Bedarf noch etwas Wasser hinzufügen.

Die Torte in Scheiben schneiden und diese mit den Mandarinenspalten, den gehackten Mandeln, der Mandelcreme und dem Lavendeleis garnieren.

Olio extra vergine

Sardiniens flüssiges Gold

Olivenöl gehört zu Sardinien wie der Wein oder der Pecorino. Die mediterrane Küche besteht ja aus den drei einfachen Grundzutaten Olivenöl, Wein und Brot. Sardinien ist eine sehr Erfolg versprechende Region, was die Produktion von Olivenöl extra vergine betrifft. Junge Unternehmer und Olivenbauern setzen verstärkt auf Innovation und Qualität und produzieren Olivenöle mit sardischem Charakter und ausgezeichneter Qualität. Sechs Millionen Olivenbäume wachsen auf 40.000 Hektar über ganz Sardinien verstreuten Hainen. Die wichtigsten Anbaugebiete sind die hügelige Gegend von Parteòlla und Trexenta nördlich von Cagliari mit den Sorten Tonda di Cagliari und Pizz'e carroga, das Sulcis-Iglesiente-Gebiet im Südwesten der Insel mit Nera di Gonnos und Nera di Villacidro, das Montiferru in der Provinz Oristano mit Bosana und Semidana, die Gegend um Nuoro und Oliena mit Bosana und Nera d'Oliena sowie das Gebiet zwischen Alghero und Sassari mit den Cultivar Bosana und Algherese con la Palma.

Die mit drei Millionen Bäumen am weitesten verbreitete Olivensorte Sardiniens ist Bosana, auch als Bosinca, de Ozzu und Olia de ozzu bekannt. Die einzige geschützte Ursprungsbezeichnung DOP läuft unter der Bezeichnung »Olio d'oliva extravergine di Sardegna«. In Alghero führt die Familie Fois die Ölmühle »Accademia Olearia«, eine der bekanntesten und wichtigsten sardischen Ölmühlen, bereits in der vierten Generation. Die Familie widmet sich insbesondere dem Anbau der regionalen Olivensorten, vor allem der Bosana. Die 25.000 Olivenbäume sind auf über 200 Hektar Land verteilt. Die Accademia Olearia bewirtschaftet die gesamte Produktion biologisch – von der Ernte bis zur Abfüllung des vielfach preisgekrönten Olio extravergine di oliva DOP Sardinien.

Die Verarbeitung und Konservierung von Oliven ist einfach und kann auch zu Hause gemacht werden.

Olive in salamoia

Oliven in Salzlake

Zubereitung: 20 Minuten · Ruhezeit: mindestens 5–6 Wochen · Schwierigkeitsgrad: leicht

frische Oliven
grobes Salz

Die Oliven säubern, waschen und in ein verschließbares Glas oder Tongefäß füllen.

Die Salzlake vorbereiten: 100 g grobes Salz kommen auf je 1 l kaltes Wasser. Dieses aufkochen, bis sich das Salz auflöst. Die Salzlake abkühlen lassen, dann damit das Gefäß mit den Oliven auffüllen und gut verschließen.

An einem kühlen, dunklen Ort mindestens 5–6 Wochen ruhen lassen.

Cabras und sein Stagno

Bottarga und Flamingos

Cabras liegt im Einzugsbereich des Meeresnaturparks »Sinis – Mal di Ventre« an den Ufern des Stagno di Cabras. Mit 2 200 Hektar Oberfläche ist der Stagno di Cabras der größte unter den zahlreichen Lagunenseen auf Sardinien. Die Gegend zählt zu den bedeutendsten Feucht-Ökosystemen des Mittelmeerraumes. Das mittelalterliche Fischerdorf Cabras selbst besticht mit Natur und Tradition, mit ausgezeichneten Fischlokalen und mit einer besonderen Spezialität: der *Bottarga,* dem getrockneten Rogen der Meeräsche.

Der Stagno di Cabras wird von einem breiten Schilfgürtel umgeben. Das fischreiche Gewässer hat die Geschichte der Gegend entscheidend mitgeprägt. An seinen Ufern sieht man noch heute die Spuren des gesellschaftlichen und wirtschaftlichen Lebens, das sich hier einst abgespielt hat. So manch verfallene Fischerhütte erinnert an vergangene Zeiten. Die Fischer fuhren mit ihren spitz zulaufenden, aus getrockneten Schilfbündeln gefertigten Booten, den *Is Fassonis,* auf den See. Die Boote wurden mit derselben Technik gebaut wie bereits zu Zeiten der Phönizier. Diese traditionellen Fischerboote sieht man nur noch selten. Aber Meeräschen, Aale, Marmorbrassen und Wolfsbarsche tragen noch heute zum Einkommen vieler Fischer bei. Außer Fischen leben in den Feuchtgebieten auf Sinis zahlreiche Vogelarten, etwa die vom Aussterben bedrohte Kolbenente, Tausende Flamingos auf der jährlichen Durchreise, Kormorane, Wildgänse und Fischreiher. Auf den Klippen an der Küste nisten Blaumerlen, Wanderfalken und Mittelmeermöwen.

Bottarga aus Cabras

Der sardische Kaviar

Die bekannteste Spezialität aus Cabras ist die *Bottarga*. Der Name »*Bottarga*« leitet sich von der arabischen Bezeichnung *butārikh* ab, was für »salzige Fischeier« steht. *Bottarga* wird in Cabras grundsätzlich aus dem Rogen der Meeräsche, der *Muggine*, gewonnen. In anderen Gegenden wird *Bottarga* auch von Thunfisch *(Bottarga di tonno)* oder Schwertfisch *(Bottarga di pesce spada)* hergestellt.

Durch einen langen Schnitt wird der Bauch der Meeräsche geöffnet. Die Fischeier werden mitsamt ihrem Behälter herausgelöst und vollständig mit Meersalz bedeckt. Der gesalzene Rogen wird zwischen zwei Holzbretter geklemmt und 5–10 Stunden gepresst. Anschließend wird der gepresste Fischrogen 7–15 Tage luftgetrocknet – ein Vorgang, der bis zu zwei Wochen in Anspruch nimmt. Der Geschmack der *Bottarga* ist sehr würzig bis rauchig und erinnert an frischen Fisch.

Bottarga im Stück, fein gehackt oder gerieben passt zu allen Pastagerichten oder auch zu Vor- oder Hauptspeisen. In hauchdünne Scheiben geraspelt gibt sie dem Salat und den Tomaten eine ganz besondere Note. Oder man serviert *Bottarga* als Carpaccio: in dünne Scheiben geschnitten, mariniert mit etwas Zitrone und Olivenöl.

Ein leichtes Rezept für eine schmackhafte Vorspeise.

Frittata alla bottarga

Omelett mit Bottarga

Für 4 Personen · Zubereitung: 10 Minuten · Backzeit: 10 Minuten · Schwierigkeitsgrad: leicht

50 g Bottarga di muggine (Rogen von der Meeräsche)
1 Bund Petersilie, gehackt
6 Eier (Größe M)
Salz
4 EL Olivenöl extra vergine

Die *Bottarga* fein reiben. Die Petersilie waschen, trocken schütteln, die Blättchen abzupfen und fein hacken.

Die Eier mit etwas Salz in einer Schüssel schlagen, *Bottarga* und Petersilie unterheben. Gut zu einem cremigen Teig verrühren.

Jeweils 1 EL Olivenöl in einer Pfanne erhitzen und vier Omeletts nacheinander bei hoher Temperatur auf beiden Seiten goldbraun braten.

Die Geschmäcker des Meeres und des Waldes vereinen sich in diesem Gericht mit Moschuskraken (auch Moschuspolypen genannt), Stei°250

en und *Bottarga* zu einer anregenden, geschmackvollen Einheit.

Moscardini con porcini e bottarga

Moschuskraken mit Steinpilzen und Bottarga

Für 4 Personen · Zubereitung: 30 Minuten · Kochzeit: 15–20 Minuten · Schwierigkeitsgrad: mittel

650 g Moschuskraken
300 g Steinpilze
1 Knoblauchzehe
Olivenöl extra vergine zum Braten
100 ml Vernaccia di Oristano (oder anderer trockener Weißwein)
Salz
½ Bund Petersilie, gehackt
30 g Bottarga di muggine (Rogen der Meeräsche), gerieben

Die Moschuskraken putzen, von den Innereien befreien und unter fließendem kaltem Wasser gut waschen. Die Steinpilze putzen und in Stücke schneiden. Die Knoblauchzehe abziehen und klein hacken.

In einer großen Pfanne das Olivenöl erhitzen und den Knoblauch darin goldbraun anschwitzen. Die Moschuskraken dazugeben und 2–3 Minuten bei hoher Temperatur anbraten. Mit dem Weißwein ablöschen, die Steinpilze hinzufügen und alles 10 Minuten kochen.

Zum Schluss salzen, die Petersilie hinzugeben und mit geriebener *Bottarga* bestreuen. Auf Tellern anrichten und heiß servieren.

Cecilia Meli – Agriturismo »Sa Crannaccia«

Solana di Cabras

Cecilia Meli (Jahrgang 1944) und ihr Mann Angelino (Jahrgang 1930) haben 2005 ihren einladenden Agriturismo »Sa Crannaccia« in Solana di Cabras eröffnet. Die Zimmer sind liebevoll restauriert. Im bemalten Eisenbett, in dem die Großmutter einst zehn Kinder zur Welt brachte hat, schlafen heute die Gäste. Angelino, der leidenschaftliche Landwirt, war von 1998 bis 2007 Präsident der Genossenschaftskellerei »Cantina sociale di Oristano«. Cecilia ist eine begnadete Köchin und tischt mit Begeisterung die eigenen Produkte aus Hof und Keller auf.

Frittierte Tintenfische mit Zwiebeln sind ein etwas abgeändertes Rezept des klassischen *Fritto misto* (siehe Bild). Dabei wird der frische Geschmack der frittierten Tintenfische mit der anregenden Süße der nach Lorbeer duftenden Zwiebeln vereint.

Calamari fritti con cipolla

Frittierte Tintenfische mit Zwiebeln

Für 4 Personen · Zubereitung: 20 Minuten · Kochzeit: 30 Minuten · Schwierigkeitsgrad: leicht

2 rote Zwiebeln
Olivenöl extra vergine zum Braten und Frittieren
3 frische Lorbeerblätter
1 TL schwarze Pfefferkörner
Salz
100 ml Vermentino (oder anderer trockener Weißwein)
100 ml Weißweinessig
1 kg Tintenfische
4 EL fein gemahlener Hartweizengrieß

Die Zwiebeln abziehen und in dünne Scheiben schneiden. In einer Pfanne 2 EL Olivenöl erhitzen, die Zwiebelringe darin goldbraun anschwitzen. Lorbeerblätter und Pfefferkörner hinzugeben, salzen und einige Minuten köcheln lassen. Weißwein und Essig aufgießen und 20 Minuten einkochen.

Die Tintenfische putzen, abbrausen, trocken tupfen und in Ringe schneiden. Dann im Grießmehl wälzen und 2–3 Minuten in heißem Olivenöl frittieren. Auf Küchenpapier abtropfen lassen und in eine flache Schüssel geben. Darüber die Zwiebeln und die eingekochte Sauce verteilen und servieren.

Zu den bekanntesten Gerichten Sardiniens zählen die *Spaghetti alla bottarga*. Sie sind einfach zuzubereiten, überzeugen aber mit einem unverwechselbaren und unnachahmlichen Geschmack. Hier ein traditionelles Rezept von Cecilia Meli.

Spaghetti alla bottarga

Spaghetti mit Bottarga

Für 4 Personen · Zubereitung: 15 Minuten · Kochzeit: 10 Minuten · Schwierigkeitsgrad: leicht

Basisrezept

400 g Spaghetti (alternativ Penne oder Lasagnette)
Salz
3 Knoblauchzehen
1 Stück Bottarga
Olivenöl extra vergine zum Braten
20 g Butter
50 g Bottarga, gerieben
100 ml Vernaccia di Oristano (oder anderer trockener Weißwein)

Die Spaghetti in reichlich kochendem Salzwasser al dente garen. Die Knoblauchzehen abziehen und andrücken. Das Bottarga-Stück in dünne Scheiben schneiden.

In einer großen flachen Pfanne das Olivenöl und die Butter erhitzen, den Knoblauch darin gut anschwitzen. Die geriebene *Bottarga* gut unterrühren und den Weißwein angießen.

Die bissfest gekochten Spaghetti durch ein Sieb abgießen und in der Pfanne gut mit der Bottarga-Sauce gut vermischen. Auf vier Tellern anrichten, mit einigen dünn geschnittenen Bottarga-Scheiben garnieren und sofort heiß servieren.

Je nach Geschmack kann das Gericht mit etwas frisch gehackter Petersilie und einigen Cocktailtomaten verfeinert werden.

Bottarga lässt sich wunderbar mit Muscheln – in diesem Rezept mit Teppichmuscheln – kombinieren und gibt jedem Gericht den letzten Schliff.

Spaghetti arselle e bottarga

Pasta mit Teppichmuscheln und Bottarga

Für 4 Personen · Zubereitung: 20 Minuten · Kochzeit: 20 Minuten · Schwierigkeitsgrad: leicht

1 kg Teppichmuscheln
2 Knoblauchzehen
1 Bund frische Petersilie
200 ml Vermentino (oder anderer trockener Weißwein)
320 g Spaghetti
Salz
100 ml Olivenöl extra vergine
frisch gemahlener schwarzer Pfeffer
30 g Bottarga di muggine (Rogen der Meeräsche), gerieben

Die Teppichmuscheln sorgfältig putzen, dabei geöffnete oder beschädigte entfernen, und unter fließendem Wasser gut waschen. Die Knoblauchzehen abziehen und fein hacken. Die Petersilie waschen, trocken schütteln, Blättchen abzupfen und fein hacken; etwas gehackte Petersilie für die Dekoration beiseitelegen.

Teppichmuscheln, Knoblauch und Petersilie in eine breite Pfanne geben. Den Weißwein angießen, abdecken und bei hoher Temperatur kochen, bis sich die Muscheln öffnen. Einige ganze Muscheln beiseitelegen und den Rest von den Schalen lösen.

In der Zwischenzeit die Spaghetti in kochendem Salzwasser al dente garen.

Den Sud der Muscheln filtern und in eine Pfanne geben, das Olivenöl hinzufügen, salzen und pfeffern und dann langsam etwas einkochen. *Bottarga*, Muscheln und die beiseitegestellte gehackte Petersilie hinzufügen und dann die gekochten Spaghetti gut unterrühren. Mit den beiseitegelegten Teppichmuscheln garnieren.

Die Zubereitung eines Gerichts auf dem Holzfeuer zählt zu den ältesten Kochformen überhaupt. Mit einer mediterranen Marinade wird die Meeräsche auf dem Grill zur besonderen Delikatesse.

Muggine arrosto

Meeräsche vom Grill

Für 4 Personen · Zubereitung: 10 Minuten · Bratzeit: 15 Minuten · Schwierigkeitsgrad: leicht

etwa 1,5 kg Meeräschen
1 Knoblauchzehe
1 Bund frische Petersilie
100 ml Olivenöl extra vergine
Salz

Die Meeräschen abschuppen, ausnehmen und unter fließendem kaltem Wasser abbrausen. Mit einem Tuch trocken tupfen und auf beiden Seiten kreuzweise einschneiden. Die Knoblauchzehe abziehen und fein hacken. Die Petersilie waschen, trocken schütteln, Blättchen abzupfen und fein hacken.

Aus Olivenöl, etwas Salz, Knoblauch und Petersilie eine Marinade zubereiten. Damit die Meeräschen gut einreiben und diese dann mindestens 30 Minuten ruhen lassen.

Die Meeräschen auf den Grill legen und bei guter Glut etwa 7–8 Minuten pro Seite grillen. Nochmals mit der Marinade abschmecken und direkt servieren.

Ein ganz einfaches und ohne großen Aufwand zuzubereitendes Rezept für das sardische Nationalgericht tischt Cecilia Meli in ihrem Agriturismo auf.

Porcheddu al forno

Spanferkel im Ofen gebraten

Für 4 Personen · Zubereitung: 10 Minuten · Bratzeit: 2 Stunden · Schwierigkeitsgrad: leicht

1,5 kg Spanferkel, küchenfertig vorbereitet

1 EL Olivenöl extra vergine zum Einreiben

Salz

5 frische Zweige Myrte

Den Backofen auf 150 °C Umluft vorheizen.

Das Spanferkel in Stücke teilen, gut abwaschen und mit etwas Olivenöl einreiben. Im vorgeheizten Ofen 2 Stunden braten, dabei einige Male wenden.

Zum Schluss salzen und auf einem Bett von Myrtenzweigen heiß servieren.

Vernaccia di Oristano

Der sardische Sherry

Die Vernaccia-Rebe zählt zu den ursardischen Weinen und mit ihren über 3 000 Jahre alten Traubenkernfunden zu den ältesten der Menschheitsgeschichte überhaupt. Der Name leitet sich wahrscheinlich vom lateinischen Wort »*vernacula*« ab, was frei übersetzt »einheimisch« oder »autochthon« bedeutet.

In den ersten Monaten präsentiert sich der Jungwein noch sehr blass und ohne viel Charakter. Erst allmählich und durch einen längeren Holzfassausbau kommen seine wahren Charaktereigenschaften richtig zur Geltung: ungewöhnliche Komplexität, Vielschichtigkeit im Geschmack und Länge im Abgang. Für seinen Reifungsprozess braucht der Vernaccia halbvolle Fässer und sommerliche Hitze – etwas, das keinem anderen Wein guttut. Auf der Oberfläche bildet sich ein Flor, der ähnlich wie beim Sherry dem Wein seinen besonderen Geschmack verleiht. Der Wein reift über Jahre in Kastanien- oder Eichenholzfässern und wird umso haltbarer, je länger er im Fass reift. Während dieses jahrelangen Prozesses wird der Vernaccia di Oristano immer komplexer und nimmt zunehmend eine bernsteinähnliche Farbe an In seinem charakteristischen Bukett schwingt der Duft der Mandelblüten mit. Im Geschmack ist er kraftvoll und trocken, zugleich warm und harmonisch. Er hat einen langen Abgang und einen ausgeprägten Nachgeschmack, der leicht an Bittermandel erinnert. Mindestens zwei Jahre lang muss der Vernaccia im Keller reifen, die Riserva mindestens vier Jahre. Vier Jahre Fasslagerung sind es auch für den Riserva Liquoroso und der Riserva Secco Liquoroso. Einige Produzenten haben mittlerweile damit begonnen, aus der Vernaccia-Traube auch modern ausgebaute Weißweine herzustellen. Der Vernaccia di Oristano ist ein Kultwein der sardischen Weinwirtschaft. Vernaccia wurde in Sardinien einst in allen Bars als Aperitif oder Dessertwein ausgeschenkt. Wer etwas auf sich hielt, der trank Vernaccia. Rotwein tranken nur das einfache Volk, die armen Bauern und Hirten. Knapp 400 Hektar Weinberge im fruchtbaren Schwemmland an der Mündung des Tirso im Westen der Insel bei Oristano sind heute noch mit der Vernaccia-Rebe bepflanzt. Der Wein hat als erster sardischer Wein 1971 die kontrollierte Ursprungsbezeichnung DOC erhalten.

Die Goldbrasse ist ein beliebter Speisefisch mit festem und sehr schmackhaftem Fleisch. Die Zubereitung mit Vernaccia di Oristano gibt dem Gericht einen feinen Hauch des für den Wein so typischen Mandelgeschmacks.

Orata alla Vernaccia di Oristano

Goldbrasse mit Vernaccia di Oristano

Für 4 Personen · Zubereitung: 15 Minuten · Kochzeit: 20 Minuten · Schwierigkeitsgrad: leicht

1 Goldbrasse (ca. 1,2 kg)
½ weiße Zwiebel
½ Bund frische Petersilie
200 ml Vernaccia di Oristano (oder anderer trockener Weißwein)
Olivenöl extra vergine zum Braten
einige grüne Oliven
Salz

Die Goldbrasse abschuppen, ausnehmen und unter fließendem kaltem Wasser sauber waschen. Mit einem Tuch trocken tupfen und auf beiden Seiten kreuzweise einschneiden.

Die Zwiebel abziehen und fein hacken. Die Petersilie waschen, trocken schütteln, Blättchen abzupfen und fein hacken.

In einer Pfanne das Olivenöl erhitzen, Knoblauch und Petersilie darin goldbraun anschwitzen. Die Goldbrasse in die Pfanne legen und bei geringer Temperatur etwa 10 Minuten köcheln lassen. Nach der Hälfte der Zeit wenden.

Den Weißwein angießen, einige Oliven hinzufügen, salzen und weitere 10 Minuten köcheln lassen. Die Goldbrasse in Stücke teilen, mit Oliven und Sud auf vier Tellern anrichten und direkt servieren.

Il Carciofo spinoso sardo

Die stachelige Artischocke Sardiniens

Die stachelige Artischocke zählt zu den geschützten Markenprodukten (DOP) Sardiniens. Die Artischocke ist länglich und spitz mit konischer Form und endet mit langen gelben Stacheln. Die Farbe ist intensiv grün mit lila Schattierungen an den äußeren Hüllblättern, innerlich hellgelb mit kurzen violetten Streifen. Ein intensiver Duft, eine fleischige Textur, zart und knackig, vollmundiger Geschmack, scharf und unverwechselbar, mit einem angenehmen Gleichgewicht von bitter und süß – der typische Geschmack und die Zartheit der stacheligen Artischocke Sardiniens sind einzigartige Merkmale, die direkt von den spezifischen klimatischen Bedingungen und der besonderen Zusammensetzung des Bodens rund um den Stagno di Cabras abhängen.

Die Artischocke ist aufgrund ihrer enthaltenen Mineralstoffe und Vitamine reich an gesundheitlichen und therapeutischen Eigenschaften. Sie ist ideal für den rohen Verzehr und reich an Mineralien und Ballaststoffen, die für die Gesundheit sehr wertvoll sind: Für 100 g frische Artischocken beträgt der Kohlenhydratgehalt nicht weniger als 2,5 g, der Polyphenolgehalt nicht weniger als 50 mg, Natrium überschreitet nicht 0,125 g und der Eisengehalt beträgt nicht mehr als 0,80 mg Frischprodukt. Den unterschiedlichen traditionellen Zubereitungsarten gelingt es, dem delikaten Geschmack der Artischocke besonders zum Ausdruck zu verhelfen.

Carciofi al forno

Artischocken im Backofen

Für 4 Personen · Zubereitung: 15 Minuten
Backzeit: 30 Minuten · Schwierigkeitsgrad: leicht

4 Artischocken
1 Knoblauchzehe
50 g getrocknete Tomaten (ohne Öl)
1 Bund frische Petersilie
2 EL Olivenöl extra vergine
Salz

Den Backofen auf 180 °C Ober-/Unterhitze vorheizen.

Die äußeren harten Blätter der Artischocken entfernen. Die Knoblauchzehe abziehen und fein hacken. Die getrockneten Tomaten in feine Stücke schneiden. Die Petersilie waschen, trocken schütteln, Blättchen abzupfen und fein hacken.

Knoblauch, Tomaten und Petersilie im Inneren der Artischocken verteilen. Die Artischocken auf einem mit Backpapier ausgelegten Backblech platzieren und mit etwas Olivenöl und Salz würzen. Im vorgeheizten Ofen 30 Minuten backen.

Die gebackenen Artischocken auf vier Tellern anrichten und servieren.

Carciofi in umido

Artischocken geschmort

Für 4 Personen · Zubereitung: 15 Minuten
Schmorzeit: 20 Minuten · Schwierigkeitsgrad: leicht

4 Artischocken
Saft von 1 Zitrone
1 Knoblauchzehe
½ Bund frische Petersilie
2 EL Olivenöl extra vergine
Salz

Die äußeren harten Blätter und die Spitzen der Artischocken entfernen, die Stängel schälen und putzen. Artischocken sowie Stängel 20 Minuten in Zitronenwasser legen.

Die Knoblauchzehe abziehen. Die Petersilie waschen, trocken schütteln, Blättchen abzupfen und hacken.

Die Artischocken aus dem Zitronenwasser nehmen und gut abtropfen lassen. Dann mit Knoblauch, Petersilie, Olivenöl, etwas Salz und 100 ml Wasser in einen Bräter geben. Abgedeckt bei geringer Temperatur etwa 20 Minuten schmoren lassen.

Die geschmorten Artischocken auf vier Tellern anrichten und servieren.

Carciofi fritti

Artischocken frittiert

Für 4 Personen · Zubereitung: 30 Minuten
Frittierzeit: 5 Minuten · Schwierigkeitsgrad: leicht

4 Artischocken
Saft von 1 Zitrone
fein gemahlener Hartweizengrieß zum Panieren
Salz
Olivenöl extra vergine zum Frittieren

Die äußeren harten Blätter und die Spitzen der Artischocken entfernen und die Artischocken in Spalten schneiden. Die Stängel schälen und putzen. Artischocken sowie Stängel 20 Minuten in Zitronenwasser legen.

Den Hartweizengrieß auf einen flachen Teller geben. Die Artischocken aus dem Zitronenwasser nehmen, gut abtropfen lassen, im Grieß wälzen und salzen.

In einer Pfanne das Olivenöl gut erhitzen. Die Artischocken darin frittieren, anschließend mit Küchenpapier gut trocknen und direkt servieren. Ideal als Vorspeise oder Beilage.

Polpette di carciofi

Artischocken-Frikadellen

Für 4 Personen · Zubereitung: 40 Minuten
Backzeit: 25 Minuten · Schwierigkeitsgrad: leicht

200 g Artischocken
Saft von 1 Zitrone
Salz
1 mehligkochende Kartoffel
3 EL frisch geriebener Pecorino
3 Eier (Größe M)
70 g Pecorino am Stück
Semmelbrösel zum Panieren
Olivenöl extra vergine zum Frittieren

Die Artischocken putzen, die äußeren harten Blätter entfernen, etwa 15 Minuten in Zitronenwasser legen und dann in kochendem Salzwasser weich garen. Die Kartoffel schälen und ebenfalls in kochendem Salzwasser weich garen. Artischocken und Kartoffel mit der Kartoffelpresse zerdrücken. Den geriebenen Pecorino, zwei Eier und etwas Salz untermischen und alles gut vermengen.

Aus der Masse mit angefeuchteten Händen kleine, runde Frikadellen um je ein Stückchen Pecorino formen. Die Frikadellen zuerst in dem restlichen aufgeschlagenen Ei und dann in den Semmelbröseln wälzen. In heißem Öl frittieren oder – für die leichtere Version – im vorgeheizten Backofen bei 180 °C Ober-/Unterhitze etwa 25 Minuten backen.

Auf vier Tellern anrichten und servieren.

In diesem Gericht treffen zwei klassische und traditionelle sardische Produkte aufeinander und vereinen sich zu einer schmackhaften Harmonie.

Carciofi e bottarga

Artischocken mit Bottarga

Für 4 Personen · *Zubereitung:* 20 Minuten
***Schwierigkeitsgrad:* leicht**

4 Artischocken
Saft von 2 Zitronen
50 g Bottarga di muggine (Rogen von der Meeräsche)
1 EL Olivenöl extra vergine
Salz

Die äußeren harten Blätter von den Artischocken entfernen, die obere Hälfte abschneiden, Artischocken vierteln und das Heu im Inneren entfernen. In dünne Spalten schneiden und diese 20 Minuten in Zitronenwasser legen.

Die *Bottarga* in dünne Scheiben schneiden. Die Artischocken aus dem Zitronenwasser nehmen, gut abtropfen lassen und schichtweise auf einem Teller verteilen, mit etwas Zitronensaft, Olivenöl, Salz und in kleine Scheiben geschnittener *Bottarga* anrichten.

Reis aus Sardinien

Ausgezeichnete Qualitäten

Reis ist eine der wichtigsten Nutzpflanzen der Erde: Für mehr als die Hälfte der Weltbevölkerung stellt er das Hauptnahrungsmittel dar. Sardinien steht mit seiner Reisproduktion in Italien zwar nicht mengenmäßig, dafür aber qualitätsmäßig an erster Stelle. Sardiniens Reis kann mit seiner ausgezeichneten Qualität sogar weltweit an der Spitze mithalten.

Auf knapp 3 500 Hektar wird in den beiden Provinzen Cagliari und in Oristano Reis angebaut, vor allem Sorten wie Carnaroli, Roma und Arborio. Reispflanzen brauchen zum Gedeihen viel Wärme und Feuchtigkeit – Voraussetzungen, die sie in den ehemals sumpfigen Ebenen rund um Oristano uneingeschränkt vorfinden.

Nach dem Ernten und Dreschen der Reispflanze wird der Reis getrocknet und gereinigt, dann poliert. Neben Naturreis und Vollkornreis entsteht dadurch auch der klassische weiße Reis. Jedes einzelne Reiskorn setzt sich aus Keimling, Mehlkörper, Aleuronschicht (die Trennschicht zwischen Mehlkörper und Schale), Samenschale und Fruchtwand zusammen. Die drei Letztgenannten bilden zusammen das sogenannte Silberhäutchen, das den größten Teil der ernährungsphysiologisch wichtigen Inhaltsstoffe des Reiskorns enthält (Mineralien, Spurenelemente und Vitamine). Naturreis besitzt das Silberhäutchen und damit die meisten Vitalstoffe des Reiskorns. Beim weißen Reis wurde das Silberhäutchen entfernt, wodurch sein Ballaststoff- und Vitalstoffgehalt deutlich niedriger ist.

Fregula ist eine traditionelle sardische Pastasorte aus Hartweizengrieß und Wasser. Die kleinen Kügelchen sind dem Couscous aus der arabischen Küche ähnlich. Typisch für die *Fregula* ist ihr feines Röstaroma, da die Pasta normalerweise im Ofen geröstet wird. *Fregula* wird für viele sardische Rezepte verwendet und eignet sich auch als Suppenbeilage oder für Nudelsalat.

Fregula sarda

Die unbekannte sardische Pasta

Für 4 Personen · Zubereitung: 20 Minuten · Backzeit: 15 Minuten · Schwierigkeitsgrad: leicht

Basisrezept

1 g Safranfäden

200 g Hartweizengrieß

Den Backofen auf etwa 50 °C Ober-/Unterhitze vorheizen. Den Safran in etwa 100 ml Wasser auflösen.

Den Hartweizengrieß in eine Tonschüssel geben und das Safranwasser dazugeben. Die Masse mit einer Hand im Kreis rühren und dabei Grieß und Wasser mischen, bis sich kleine Kügelchen in der gewünschten Größe (klein, mittel oder groß) bilden. Dazu braucht es etwas Geschick und Fingerfertigkeit.

Die Kügelchen auf ein mit Backpapier ausgelegtes Blech geben, in den vorgeheizten Ofen schieben und etwas antrocknen lassen. Die Temperatur auf 150 °C erhöhen und die Kügelchen goldbraun anrösten.

Stachelige Artischocken, Miesmuscheln aus Olbia und Safran – drei geschützte sardische DOP-Markenprodukte bilden die Grundlage für dieses raffinierte und schmackhafte *Fregula*-Gericht.

Fregula con carciofi, cozze e zafferano

Fregula mit Artischocken, Miesmuscheln und Safran

Für 4 Personen · Zubereitung: 30 Minuten · Kochzeit: 25 Minuten · Schwierigkeitsgrad: mittel

600 g Miesmuscheln
3 Artischocken
Saft von 1 Zitrone
2 Knoblauchzehen
½ Bund frische Petersilie
2 getrocknete Tomaten (ohne Öl)
Olivenöl extra vergine zum Braten
etwas Peperoncino (Chiliflocken)
1 l Gemüsebrühe
250 g Fregula
Salz
1 g Safran

Die Miesmuscheln gründlich putzen, geöffnete oder beschädigte dabei entfernen. Die Muscheln in einer Pfanne erhitzen, bis sie sich öffnen. Die Muscheln aus den Schalen lösen und nur einige für die abschließende Dekoration des Gerichtes in der Schale lassen. Die Artischocken putzen, in kleine Scheiben schneiden und für 15–20 Minuten in Zitronenwasser legen. Die Knoblauchzehen abziehen und klein hacken. Die Petersilie waschen, trocken schütteln, Blättchen abzupfen und hacken; etwas Petersilie für die Dekoration beiseitestellen. Die getrockneten Tomaten in Stücke schneiden.

In einem Topf das Olivenöl erhitzen. Artischocken, Knoblauch, Petersilie, getrocknete Tomaten und etwas *Peperoncino* darin 5 Minuten anschwitzen. Die Gemüsebrühe sowie das von den Miesmuscheln beim Kochen entwichene Wasser aufgießen und zum Kochen bringen. Dann die *Fregula* hinzufügen, etwas salzen und 10 Minuten kochen.

Kurz vor Ende der Kochzeit die Miesmuscheln und etwas Safran hinzufügen und das Ganze in einer flachen Tonschüssel anrichten. Mit den beiseitegelegten Miesmuscheln und etwas Petersilie garnieren.

Ein einfaches, schmackhaftes *Fregula*-Gericht.

Fregula incasada

Fregula im Ofen gebacken

Für 4 Personen · Zubereitung: 45 Minuten · Kochzeit: 20 Minuten · Schwierigkeitsgrad: leicht

1 mittelgroße weiße Zwiebel
½ Bund frische Petersilie
Olivenöl extra vergine zum Braten
500 g grobkörnige Fregula
Salz
100 g Pecorino, gerieben

Den Backofen auf 180 °C Ober-/Unterhitze vorheizen.

Die Zwiebel abziehen und fein hacken. Die Petersilie waschen, trocken schütteln, Blättchen abzupfen und hacken. In einer Pfanne das Olivenöl erhitzen und die Zwiebel darin anschwitzen. Die Petersilie hinzufügen.

Die Fregula in ausreichend kochendem Salzwasser garen, durch ein Sieb abgießen und dann schichtweise in einer Tonschüssel verteilen. Dazwischen die Zwiebel und den geriebenen Pecorino mischen. Den Abschluss bildet eine Schicht Fregula.

Die Schüssel gut abdecken und 20 Minuten im vorgeheizten Ofen backen.

Renzo Corona – Ristorante »Da Renzo«

Siamaggiore

Renzo Corona (Jahrgang 1954) zählt schon seit Jahrzehnten zur absoluten Spitze der sardischen Küchenchefs. Nach dem Besuch der Hotelfachschule in Cagliari hat Renzo Corona in den besten Häusern an der Costa Smeralda sein Handwerk erlernt und dann 1985 sein eigenes Ristorante »Da Renzo« vor den Toren von Oristano eröffnet. Heute bietet das komfortable Restaurant mit eingegliedertem Ressort bei Bedarf Platz für 600 Personen.

Die Küche erinnert in ihrer Direktheit und Einfachheit an die Tradition der sardischen Osteria, die je nach Jahreszeit die lokalen Produkte in den Mittelpunkt stellt. Daneben wartet der Altmeister der sardischen Küche aber auch mit raffinierten Neuinterpretationen der Küchenklassiker Sardiniens sowie mit raffinierten Fischgerichten auf.

Renzo Corona verfeinert den einfachen Klassiker der sardischen Küche mit edlen Krustentieren zu einem extravaganten Gericht.

Fregula con crostacei

Fregula mit Krustentieren

Für 4 Personen · Zubereitung: 20 Minuten · Kochzeit: 30 Minuten · Schwierigkeitsgrad: leicht

4 Garnelen, küchenfertig vorbereitet
4 Krabben, küchenfertig vorbereitet
½ Hummer, küchenfertig vorbereitet
½ Languste, küchenfertig vorbereitet
1 Knoblauchzehe
1 Bund frische Petersilie
10 Cocktailtomaten
20 g getrocknete Tomaten (ohne Öl)
Olivenöl extra vergine zum Braten
200 ml Vermentino (oder anderer trockener Weißwein)
300 g Fregula
500 ml Fischfond
einige frische Basilikumblätter zum Garnieren

Die Krustentiere in Stücke schneiden. Die Knoblauchzehe abziehen und fein hacken. Die Petersilie waschen, trocken schütteln, Blättchen abzupfen und hacken. Die Cocktailtomaten waschen, trocken tupfen und klein schneiden. Die getrockneten Tomaten ebenfalls klein schneiden.

In einer großen Pfanne das Olivenöl erhitzen. Krustentiere, Knoblauch und Petersilie darin 10–15 Minuten anschwitzen. Den Weißwein angießen und frische sowie getrocknete Tomaten dazugeben.

Die *Fregula* untermischen, den Fischfond angießen und weitere 15 Minuten köcheln lassen. Das Gericht auf vier Tellern anrichten, mit einigen Basilikumblättern garnieren und heiß servieren.

In seiner Einfachheit nicht zu überbieten ist die Zubereitung dieses schmackhaften Rezepts von Renzo Corona: *Polpo alla sarda.*

Polpo alla sarda

Oktopus auf Sardisch

Für 4 Personen · Zubereitung: 10 Minuten · Kochzeit: 60 Minuten · Schwierigkeitsgrad: leicht

1 Oktopus (1–1,5 kg), küchenfertig vorbereitet
Salz
2 EL Olivenöl extra vergine
Saft von 1 Zitrone
etwas Peperoncino (Chiliflocken)
10 Cocktailtomaten
10 schwarze Oliven
einige frische Basilikumblätter zum Garnieren

Den Oktopus waschen und in einem Topf in leicht gesalzenem Wasser in 1 Stunde weich kochen. Dann herausnehmen und abkühlen lassen. Mit Olivenöl, etwas Zitronensaft und einer Prise *Peperoncino* anrichten und lauwarm im Ganzen servieren.

Mit Cocktailtomaten und Oliven sowie einigen Basilikumblättern garnieren.

I dolci di Elena Corona

Verführerische Süßigkeiten

Für die Patisserie im Ristorante »Da Renzo« ist Elena Corona, die Schwester des Küchenchefs, zuständig. Alltäglich verzaubert sie ihre Gäste mit verführerischen Keksen und Süßspeisen aus der sardischen Küchentradition.

Elena Corona vom Ristorante »Da Renzo« verrät ihr Rezept für sardische Amarettoni.

Amarettoni

Sardische Mandelmakronen

Für ca. 30 Stück · Zubereitung: 30 Minuten · Ruhezeit: 2–3 Stunden · Backzeit: 30 Minuten
Schwierigkeitsgrad: leicht

400 g süße Mandelkerne, blanchiert
100 g bittere Mandelkerne, blanchiert
6 Eiweiß (Größe M)
600 g Zucker
blanchierte Mandelkerne oder kandierte Früchte zum Garnieren

Den Backofen auf 150 °C Umluft vorheizen.

Beide Mandelsorten im Mixer fein mahlen. Das Eiweiß zu steifem Schnee schlagen und dabei den Zucker untermischen. Das Mandelmehl unterrühren und aus der Masse walnussgroße Kugeln formen.

Diese auf ein gefettetes Backblech setzen und mit einer geschälten Mandel oder einer kandierten Frucht krönen. 1–2 Stunden ruhen lassen, dann etwa 35 Minuten im vorgeheizten Ofen backen.

La cucina pastorale e contadina

Die Küche der Hirten und Bauern

Im Landesinneren

Rau und wild-faszinierend

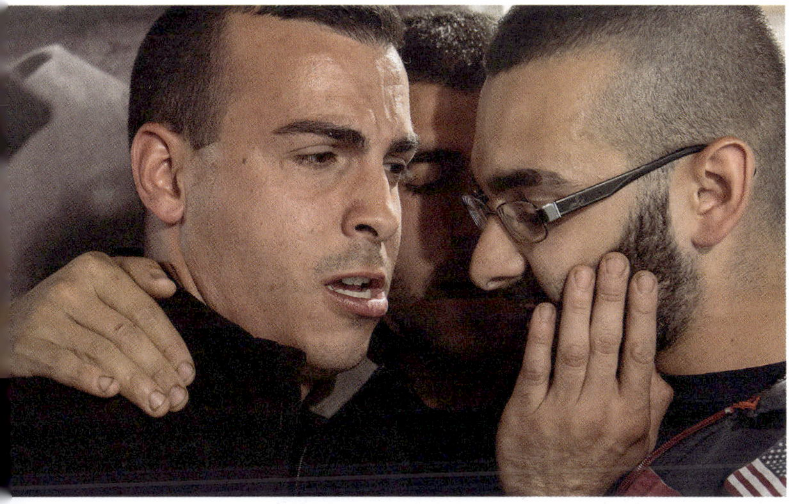

Die Barbagia und das angrenzende Gennargentu gehören zu den wildesten Landstrichen von Sardinien, nicht nur landschaftlich. Bereits die Römer tauften das Gebiet »Barbaria«: vor allem wegen der stolzen und rebellischen Art ihrer Bewohner, die sich nie wirklich jemandem unterworfen haben. Weder Karthager noch Römer, Spanier oder andere fremde Herrscher und schon gar nicht der italienische Staat später schafften es, sich diese abgeschiedene Gebirgslandschaft vollkommen untertan zu machen.

Im Landesinneren ist das wahre Sardinien zu finden. In der Abgeschiedenheit dieser rauen Landschaft haben sich über die Jahrhunderte hinweg alte Traditionen und Bräuche wie sonst nirgendwo auf der Insel entwickelt und erhalten. Diese sind noch heute vielfach Bestand des alltäglichen Lebens: mit farbenprächtigen Trachten, alten Ritualen und unzähligen Festen. Schaf- und Viehzucht, Milch- und Käsewirtschaft sowie die Herstellung von Brot, Gebäck, Süßwaren und handwerklichen Produkten bilden neben dem Weinanbau noch heute die wichtigsten Einkommensquellen im Landesinneren Sardiniens.

Pane carasau

Das Brot der Hirten und Bauern

Rosa Balia steht fünf Mal in der Woche um drei Uhr morgens auf, um das Feuer im Backofen im Keller ihres Wohnhauses in Mamoiada zu entzünden. Brotbacken ist angesagt. Sie bäckt *Pane carasau* für Freunde und Bekannte. »Es ist noch nicht lange her, dass in jedem Haus ein eigener Backofen stand und jede Familie das eigene Brot backte«, erzählt Rosa Balia. Bäcker gibt es in Mamoiada keinen, dafür aber *Pane carasau* bei jeder Gelegenheit. Schon mit zehn Jahren half Rosa Balia ihrer Mutter beim Brotbacken. Heute hilft ihr ihre Tochter Donatella bei der anstrengenden Arbeit. Die Tradition wollen die beiden nicht unterbrechen oder gar aufgeben.

Das »*Pane Carasau*« – auch »*Carasatu*« oder »*Carasadu*« genannt – ist wohl das beliebteste und auf der ganzen Insel verbreitetste Brot Sardiniens. Bekannt ist das hauchdünne, getrocknete Hirtenbrot auch als »*Carta di musica*«, als Notenpapier. Die dünnen Fladen werden traditionell schnell und sehr heiß im mit Holz geheizten Ofen zweifach gebacken. Das dünne Brot bleibt dadurch lange haltbar und zählte deshalb zum Hauptproviant der Bauern und Hirten.

Pane Carasau

Das tägliche Brot der Hirten und Bauern

Für ca. 25 Stück · Zubereitung: 60 Minuten · Ruhezeit: ca. 15 Stunden · Backzeit: 8–9 Minuten
Schwierigkeitsgrad: mittel

10 g Mutterhefe (lievito madre)
500 g Weizenmehl (Type 00)
500 g fein gemahlener Hartweizengrieß plus etwas zum Ausrollen
Salz

Die Hefe in etwas lauwarmem Wasser auflösen und mit etwas Mehl und Weizengrieß vermischen. Den Vorteig mit einem Tuch abdecken und mindestens 12 Stunden gehen lassen.

Dem Vorteig das restliche Mehl und den Grieß beimengen und langsam mit etwas lauwarmem, gesalzenem Wasser gut durchkneten, mit den Fäusten bearbeiten und eine runde Form bilden. Diese – wiederum mit einem Tuch bedeckt – mindestens 1 Stunde ruhen lassen.

Den Backofen auf 220 °C Umluft vorheizen.

Den Teig zu dicken zylinderförmigen Rollen formen und diese in etwa 4 cm lange Stücke schneiden. Die einzelnen Stücke mit dem Nudelholz zu 3 mm dünnen Blättern austreiben und diese auf einem mit Hartweizengrieß bestaubten Brett ablegen und 1 weitere Stunde ruhen lassen.

Die einzelnen Fladen im vorgeheizten Ofen einige Minuten backen, bis sie sich wie Luftballons aufblähen. Aus dem Ofen nehmen, mit einem Messer die beiden Hälften trennen und behutsam leicht andrücken. Nachdem alle vorbereiteten Fladen auf diese Weise gebacken und geteilt sind, werden alle Blätter nochmals für wenige Minuten zum Trocknen in den Backofen geschoben.

Pane carasau ist in Sardinien ein fester Bestandteil jeder Brotzeit, wird aber auch zu Minestrone und anderen Suppen gereicht. In der Küche findet das Brot vielfältige Verwendung, zum Beispiel als leichter Ersatz für Lasagneplatten oder als *Pane frattau.*

Pane guttiau ist ein *Pane Carasau,* das vor dem zweiten Backen mit Olivenöl und Salz oder auch mit Rosmarin oder anderen Gewürzen bestreut wird.

Hirten, Schafe und Pecorino

Mattia Moro – »Badu Orgolesu«, Mamoiada

In kaum einer anderen Region Italiens haben Hirten die Kultur, Geschichte und Politik des Landes so geprägt wie auf Sardinien. Bereits die Nuragher, die Ureinwohner der Insel, haben vor rund 3 000 Jahren hier als Hirten und Bauern gelebt. Fünf Millionen Schafe, Hunderttausende Ziegen und an die zwei Millionen Kühe weiden noch heute auf der Insel. Immer mehr junge Sarden sehen im Hirtentum und in den damit verbundenen Traditionen eine neue und reale Lebensperspektive. Mit neuen Ideen mischen sie den alten Berufszweig auf und bewahren zugleich die alten Bräuche.

Mattia Moro (Jahrgang 1987) ist einer von ihnen, Hirte in dritter Generation. »Mein Großvater Francesco hatte irgendwann nicht mehr an die Zukunft der Hirten geglaubt. Mein Vater Antonio hat sein Geld als Arbeiter verdient, mit seiner Abfertigung dann aber Ziegen und Schafe gekauft.« Mattia hält heute 300 Schafe der sardischen Rasse, Schweine und Hennen. »Ganz im Einklang mit der Natur«, wie er betont. Nach alten Traditionen stellt er seinen Pecorino und *Fiore sardo* her. Seine Frau Anna – sie hat in Rom Musik und Gesang studiert – verkauft die eigenen Produkte in einem kleinen »Null-Kilometer-Hofladen« im Zentrum von Mamoiada. (Das bedeutet, dass alle Produkte direkt aus dem Umkreis kommen.)

Pecorino sardo

Der *Pecorino sardo* ist eine der ältesten Käsesorten Sardiniens. *Pecorino sardo* DOP wird ausschließlich aus – meist erhitzter oder pasteurisierter – Schafsvollmilch aus der Region Sardinien erzeugt und unterteilt sich in zwei Sorten, die sich durch die Verarbeitungstechniken, die Größe, den Reifegrad und die organoleptischen Eigenschaften unterscheiden: den *dolce* und den *maturo*. Der *Pecorino sardo dolce* ist aromatisch, leicht säuerlich im Geschmack mit einer dünnen, zarten strohgelben Rinde und einem festen, weich-elastischen weißen Teig. Der *Pecorino sardo maturo* hat einen würzigen, leicht pikanten Geschmack, eine feste, strohgelbe oder braune Rinde und einen elastischen, leicht körnigen weißen Teig, der mit zunehmender Reife einen leicht strohgelben Ton annehmen kann.

Fiore sardo

Der *Fiore sardo* DOP besteht zu 100 Prozent aus Milch des sardischen Schafes. Seit jeher als Käse der sardischen Schäfer bekannt, war er über Jahrhunderte hinweg der meistproduzierte Käse auf Sardinien. Die Herstellungstechnik ist dieselbe wie in der Frühzeit der sardischen Kultur. Die frisch gemolkene, rohe Vollmilch wird in Kupferkesseln bei einer Temperatur von etwa 35 °C unter Zugabe von Lab von Lämmern oder Zicklein zur Gerinnung gebracht. Im Duft ist der *Fiore sardo* intensiv, mit einem Hauch von Leder und Gewürzen sowie rauchigen Noten. Im Geschmack ist er markant, leicht säuerlich und nach längerer Reifezeit cremig pikant. Aufgrund seiner historischen, kulturellen und kulinarischen Bedeutung wurde dem *Fiore sardo* 1996 die geschützte Ursprungsbezeichnung DOP zuerkannt. Er wurde auch zum »Presidio Slow Food«, da er in der Barbagia noch von Hand hergestellt wird.

Crema di formaggio pecorino sardo

Creme aus sardischem Schafskäse

Für 1 kg Creme · Zubereitung: 20 Minuten · Schwierigkeitsgrad: leicht

400 g frischer Ricotta (Quark)
300 g frischer Pecorino sardo
300 g halbreifer Pecorino sardo, gerieben
etwas Peperoncino (Chiliflocken)

Ricotta, frischen Pecorino sowie den geriebenen halbreifen Pecorino in einer Schüssel gut vermischen und so lange bearbeiten, bis eine cremige Masse entsteht. Nach Belieben mit etwas *Peperoncino* würzen.

Bis zum Gebrauch im Kühlschrank aufbewahren. Bedeckt mit etwas Olivenöl hält die würzige Creme mehrere Tage und eignet sich als idealer Aufstrich zu getoastetem Brot, zu Salat und Vorspeisen.

Luigi Crisponi – Ristorante »Santa Rughe«

Gavoi, Barbagia

Das Restaurant »Santa Rughe« liegt im historischen Ortszentrum von Gavoi, einem der typischsten und schönsten Dörfer der Barbagia. Seit 1997 führen Marinella und Franco Pinna ihr Restaurant mit viel Leidenschaft und Liebe zum Detail. Geschmack, Qualität und Tradition verschmelzen hier zu einem harmonischen Ganzen. Küchenchef Luigi Crisponi verbindet frische Zutaten und lokale Produkte in kreativer Art und Weise. Klarheit und Einfachheit kennzeichnen seine Gerichte, die durch Bodenständigkeit und Echtheit überzeugen. Ein besonderes Augenmerk wird auf die Käsetradition der Gegend gelegt. Eine große Auswahl an Käsesorten sowie an erlesenen Weinen aus der näheren und weiteren Umgebung lassen keine Wünsche offen.

Pane frattau ist eine schmackhafte und einfach zuzubereitende Variante einer Lasagne mit *Pane carasau* – hier präsentiert von Chef Luigi Crisponi.

Pane frattau

Lasagne mit Pane carasau

Für 4 Personen · Zubereitung: 20 Minuten · Kochzeit: 10 Minuten · Schwierigkeitsgrad: leicht

1 l Gemüsebrühe
200 g Tomatensauce (frisch zubereitet oder aus der Dose)
Salz
5 Fladen Pane carasau
150 g Pecorino sardo
4 Eier (Größe M)

In einem Topf die Gemüsebrühe erwärmen. In einer Pfanne die Tomatensauce erwärmen. In einer anderen Pfanne Salzwasser zum Pochieren der Eier erhitzen.

Das *Pane carasau* kurz in die Gemüsebrühe tauchen und dann eine erste Schicht auf einem Teller auslegen. Darauf mit einem Löffel die Tomatensauce verstreichen und frischen Pecorino daraufreiben. Denselben Vorgang in mehreren Schichten wiederholen. Mit einer Schicht Tomatensauce und geriebenem *Pecorino sardo* abschließen.

Die Eier in dem heißen Wasser pochieren und jeweils eines zum Abschluss auf die Teller geben. Heiß servieren.

Küchenchef Luigi Crisponi serviert im Ristorante »Santa Rughe« hausgemachte *Maharrones* nach einem traditionellen Rezept aus der Barbagia. Die Pasta lässt sich einfach und schnell zubereiten.

Maharrones curzos con pomodori, patate e ricottxa secca

Hausgemachte Maharrones mit Tomatensauce, Kartoffeln und Ricotta

Für 4 Personen · Zubereitung: 30–40 Minuten · Kochzeit: 15 Minuten · Schwierigkeitsgrad: leicht

500 g Hartweizengrieß
Salz
Olivenöl extra vergine zum Braten
1 mehligkochende Kartoffel, geschält, gekocht und in kleine Stücke geschnitten
50 g Ricotta secca (getrockneter Quark)
200 g Tomatensauce (aus der Dose)

Für die *Maharrones* Grieß, 200 ml Wasser und eine Prise Salz zu einem elastischen, festen Teig kneten. Diesen zu langen, etwa fingerdicken Würsten ausrollen und diese dann in kleine Würfel schneiden. Die Teigwürfel mit einer Gabel oder mit dem Daumen leicht austreiben. In kochendem Salzwasser etwa 15 Minuten garen. Durch ein Sieb abgießen und dabei etwas Kochwasser auffangen.

In einer Pfanne das Olivenöl erhitzen und darin die Kartoffelstücke kurz anbraten. *Ricotta secca* darüberreiben und etwas Nudelwasser hinzufügen, damit sich der Ricotta auflöst. Die Tomatensauce angießen und alles gut vermischen. Die fertig gekochten *Maharrones* in der Sauce kurz schwenken, nochmals mit geriebenem Ricotta bestreuen und heiß servieren.

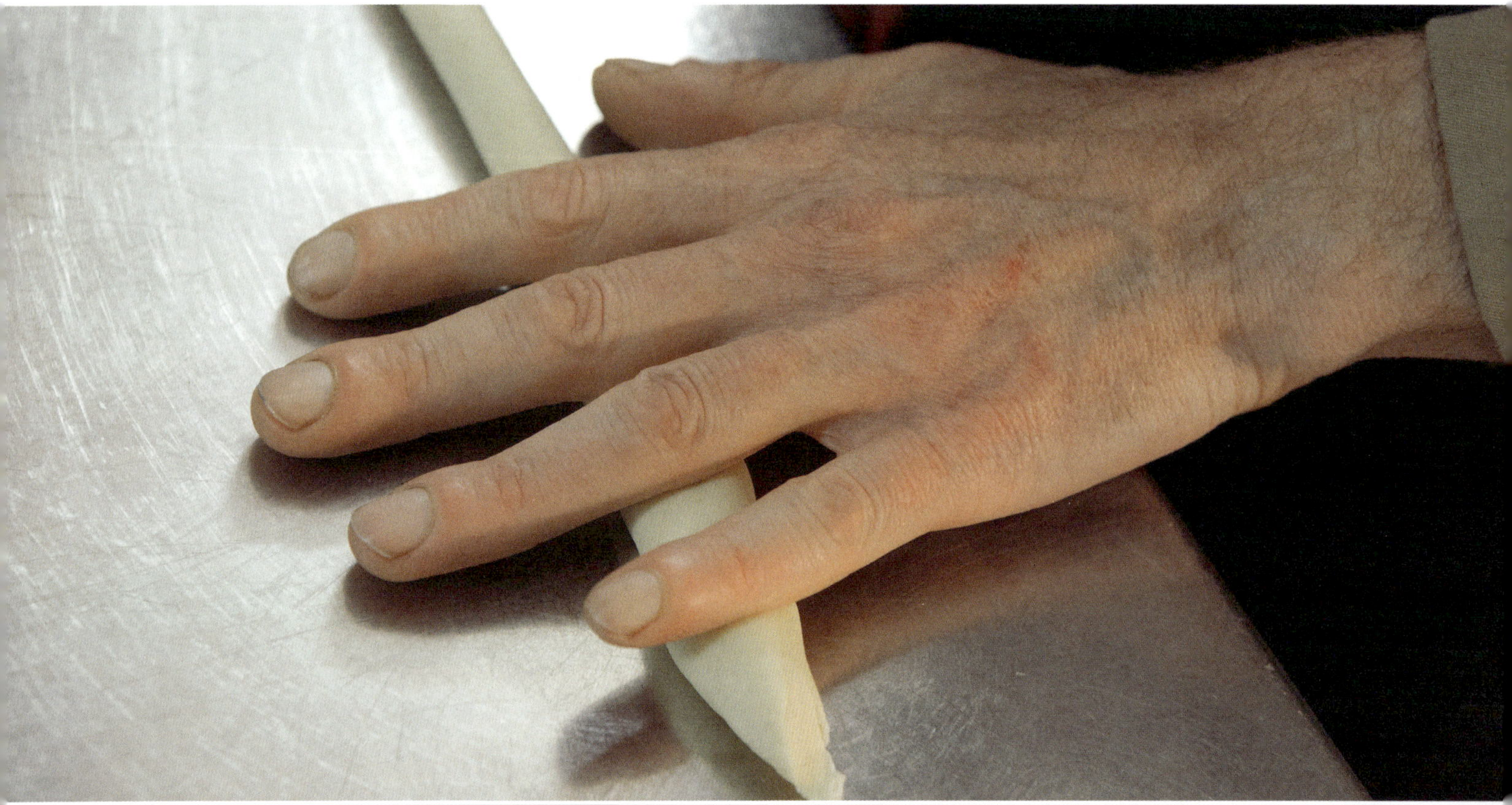

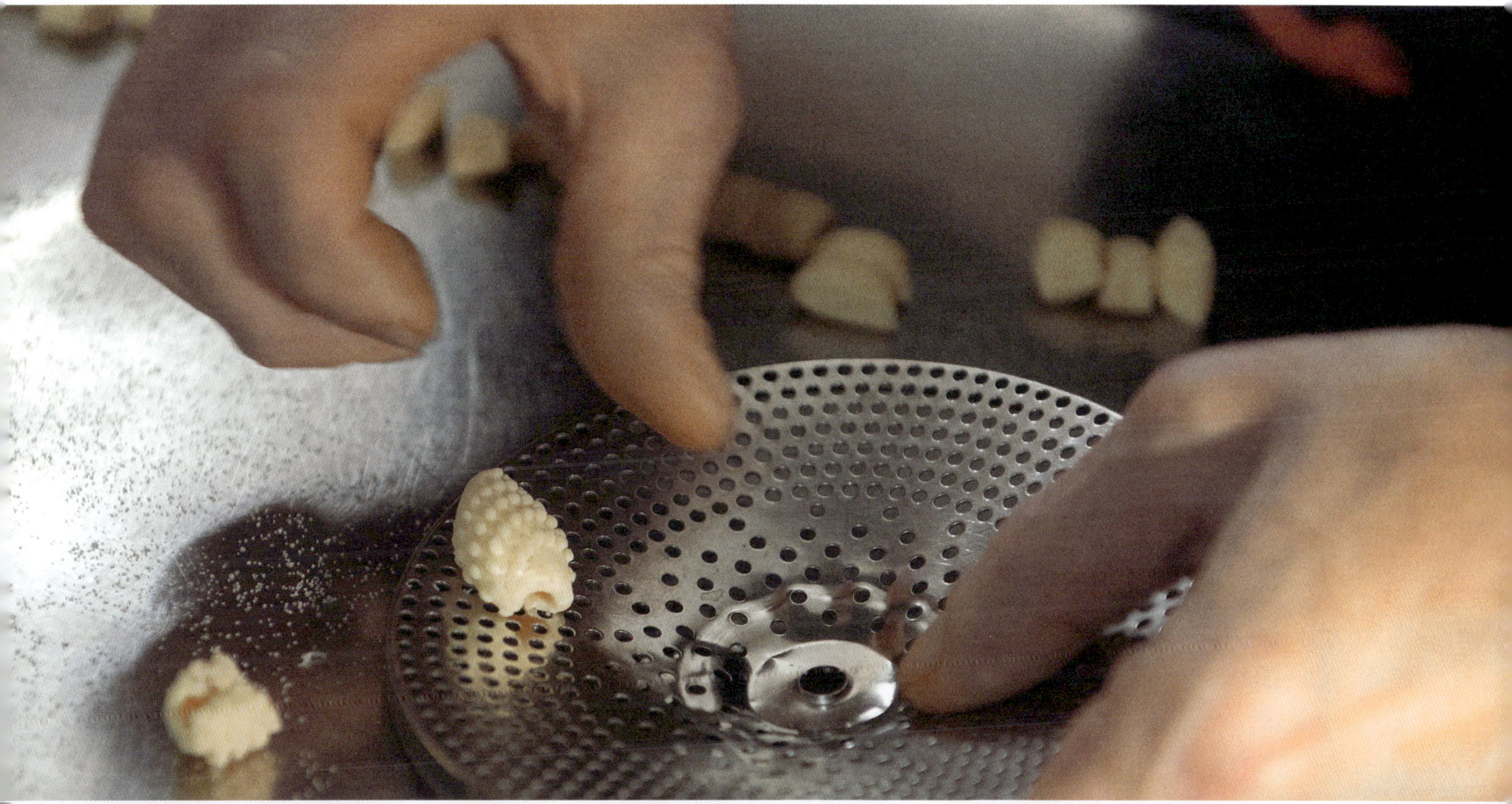

In der traditionellen sardischen Küche wird beim Schlachten eines Tieres alles verwertet. Besonders die Innereien stehen hoch im Kurs. Chef Luigi Crisponi bereitet sein Lammbries mit Kartoffeln, Lorbeer und Safran zu.

Animelle di agnello con patate

Lammbries mit Kartoffeln

Für 4 Personen · Zubereitung: 20 Minuten · Kochzeit: 35–40 Minuten · Schwierigkeitsgrad: leicht

1 kg Lammbries, küchenfertig vorbereitet
1 weiße Zwiebel
2 festkochende Kartoffeln
Olivenöl extra vergine zum Braten
einige frische Lorbeerblätter
200 ml Vermentino (oder anderer trockener Weißwein)
200 ml Gemüsebrühe
Salz
einige Safranfäden

Das Lammbries in Stücke schneiden. Die Zwiebel abziehen und fein hacken. Die Kartoffeln schälen und in Würfel schneiden.

In einer großen Pfanne das Olivenöl erhitzen. Zwiebel und Lorbeerblätter darin goldgelb anschwitzen. Dann Lammbries dazugeben und kurz mitbraten. Den Weißwein angießen und einkochen lassen. Die Kartoffeln dazugeben und mit Gemüsebrühe aufgießen. 20–25 Minuten bei geringer Temperatur köcheln lassen, zum Schluss salzen und einige Safranfäden untermischen.

Auf vier Tellern anrichten und servieren.

Geschmackvoll und einfach zuzubereiten: ein Lammgulasch mit Kräutern nach einem Rezept von Küchenchef Luigi Crisponi vom Ristorante »Santa Rughe« in Gavoi.

Spezzatino di agnello alle erbe

Lammgulasch mit Kräutern

Für 4 Personen · Zubereitung: 20 Minuten · Kochzeit: 100 Minuten · Schwierigkeitsgrad: leicht

1 kg Lammfleisch (ohne Knochen), küchenfertig vorbereitet
1 weiße Zwiebel
einige frische Lorbeerblätter (oder einige Zweige frischer Rosmarin)
Olivenöl extra vergine zum Braten
750 ml Vernaccia di Oristano (oder anderer trockener Weißwein)
Salz
einige frische Minzblätter zum Bestreuen

Das Lammfleisch in kleine Stücke schneiden. Die Zwiebel abziehen und fein hacken. Die Lorbeerblätter oder Rosmarinzweige abbrausen und trocken tupfen.

In einer Pfanne das Olivenöl erhitzen. Zwiebel und Lorbeerblätter oder Rosmarinzweige darin goldgelb anschwitzen. Die Lammfleischstücke dazugeben und kurz anbraten. Den Weißwein angießen und das Ganze 1 ½ Stunden köcheln lassen.

Zum Schluss salzen, das Gericht auf vier Tellern anrichten und mit einigen frischen Minzblättern bestreut servieren.

Die Wilddichte ist bei sardischen Wildschweinen zwar nicht so hoch, dennoch zählt das Fleisch derselben zu den beliebten Gerichten auf der Insel. Küchenchef Luigi Crisponi verrät sein Rezept für ein geschmortes Wildschweingericht.

Stufato di cinghiale

Geschmortes Wildschwein

Für 4 Personen · Zubereitung: 20 Minuten · Ruhezeit: 5 Stunden
Kochzeit: 3 Stunden · Schwierigkeitsgrad: leicht

1 kg Wildschweinfleisch (ohne Knochen), küchenfertig vorbereitet
Salz
einige frische Lorbeerblätter (oder frische Zweige Rosmarin)
750 ml Cannonau di Sardegna (oder anderer trockener Rotwein)
1 weiße Zwiebel
Olivenöl extra vergine zum Braten
10 große grüne Oliven

Das Wildschweinfleisch abbrausen, trocken tupfen, in kleine Stücke schneiden, salzen und mit den Gewürzen im Rotwein 5 Stunden ruhen lassen.

Die Zwiebel abziehen und klein hacken. In einem großen Topf das Olivenöl erhitzen, die Zwiebel darin goldbraun anschwitzen. Das Fleisch samt Gewürzen, Wein und Oliven hinzufügen und 3 Stunden bei geringer Temperatur köcheln lassen.

Auf vier Tellern anrichten und heiß servieren.

Cannonau di Sardegna

Der Rotwein Sardiniens

Der Cannonau ist in Sardinien die wichtigste rote und die am zweithäufigsten angebaute Sorte. Die Rebsorte ist sehr alt und mit dem spanischen Garnacha und dem französischen Grenache verwandt. Aus Amphorenfunden kann man nachweisen, dass die Sorte auf Sardinien schon existiert hatte, bevor im restlichen Europa Grenache auftauchte. Der auf ganz Sardinien verbreitete Cannonau präsentiert sich in vielen Varianten und Geschmacksrichtungen. Sein ideales Habitat findet er aber im Osten der Insel um Oliena, Mamoiada, Jerzu und Dorgali, wo er die besten Ergebnisse mit hochwertigen, gut strukturierten und langlebigen Cannonau-Variationen liefert.

Die Rebe mag das heiße und trockene Klima und ergibt rubin- bis orangerote, füllige und körperreiche Weine mit Kraft und reifen Aromen von Himbeeren, Brombeeren, Kirschen und Pflaumen. Im Geschmack erinnern die Weine an Konfitüre und Rumtopf aus roten Früchten, mit weichen Gerbstoffen, spürbarer Säure und mit einem teilweise sehr präsenten Alkoholgeschmack.

Der trocken ausgebaute Cannonau passt hervorragend zu den klassischen Schaffleischgerichten, zu gegrilltem Spanferkel und Gemüseeintöpfen, zu den Wurstwaren Sardiniens sowie zu reifem Pecorino. Als Riserva muss der Wein zwei Jahre reifen. Wenn die Trauben getrocknet werden, entsteht aus ihnen ein vorzüglicher, angenehm herbsüßer Passito-Wein.

Sardische Gastfreundschaft

Ein Abendessen bei der Familie Sedilesu in Mamoiada

Die sardische Gastfreundschaft kennt keine Grenzen. Wer einmal bei einer sardischen Familie zum Essen oder zum *Spuntino*, einer lang anhaltenden, üppigen Jause auf dem Land, eingeladen ist, der kommt aus dem Staunen in Anbetracht der Vielfalt der angebotenen Spezialitäten nicht mehr heraus. Francesco und Rosa Sedilesu teilen ganz zwanglos und offenherzig Tisch und Speisen mit ihren vier Kindern Giuseppe, Vincenza, Simone und Giovanni, mit Schwiegertochter Elisabetta und ganz selbstverständlich auch mit ihren Gästen. Aufgetischt wird, was Küche und Keller an eigenen Produkten zur Verfügung stellen.

Im Frühjahr und Herbst, wenn auf den Wiesen und Feldern eine Vielzahl wilder Kräuter wächst, verwandeln diese die sardischen Hausfrauen in unzählige schmackhafte, bodenständige Gerichte. Rosa Sedilesu präsentiert uns ihren deftigen Wildkräutereintopf.

Ermulazza alla casalinga

Wildkräutereintopf von Rosa Sedilesu

Für 4 Personen · Zubereitung: 30 Minuten · Kochzeit: 30–40 Minuten · Schwierigkeitsgrad: leicht

300 g Ermulazza (oder Wildkräuter, Löwenzahn, Radicchio, Spinat, wilder Fenchel)
Salz
500 g mehligkochende Kartoffeln
1 weiße Zwiebel
200 g Bauchspeck
Olivenöl extra vergine zum Braten
etwas Peperoncino (Chiliflocken)
100 g frisch geriebener Pecorino sardo

Die Kräuter gut waschen und in kochendem Salzwasser weich garen. Durch ein Sieb abgießen, dabei das Kochwasser auffangen.

Die Kartoffeln in Salzwasser kochen, anschließend pellen und in kleinere Stücke schneiden. Die Zwiebel abziehen und klein hacken. Den Bauchspeck in kleine Würfel schneiden.

In einem Topf das Olivenöl erhitzen. Zwiebel und Bauchspeck darin goldbraun anschwitzen. Dann die gekochten Wildkräuter sowie die Kartoffeln hinzufügen, mit etwas beiseitegestelltem Kochwasser aufgießen und gut vermischen. Salzen und mit etwas *Peperoncino* und nach Belieben auch mit geriebenem *Pecorino sardo* würzen.

Auf vier tiefe Teller verteilen und heiß servieren.

Mit Schafskäse gefüllt und mit Zitrone und Honig verfeinert, sind die *Sevadas* eine der verführerischen Süßspeisen der traditionellen sardischen Küche. Heute eine klassische Süßspeise, wurden sie ursprünglich als Hauptgang serviert.

Sevadas

Teigtaschen mit Honig und Schafskäse

Für ca. 10 Stück · Zubereitung: 30–40 Minuten · Kochzeit: 10 Minuten · Schwierigkeitsgrad: mittel

Für den Teig

500 g Weizenmehl (Type 405)
50 g Schmalz
Salz

Für die Füllung

600 g frischer, leicht säuerlicher Schafskäse
Abrieb von 1 unbehandelten Zitrone (oder unbehandelten Orange)
1 EL feiner Weizengrieß
Olivenöl extra vergine zum Frittieren
etwas Honig oder Puderzucker zum Garnieren

Aus Mehl, Schmalz und etwas lauwarmem, gesalzenem Wasser einen geschmeidigen Teig kneten. Den Teig dünn ausrollen und Kreise mit einem Durchmesser von etwa 10 cm ausstechen.

Für die Füllung den Käse (damit er etwas säuerlich wird, 2 Tage an einem warmen Ort stehen lassen) in 250 ml Wasser bei mittlerer Temperatur mit dem Zitronenabrieb und dem Grieß kochen, bis das Wasser verdunstet ist und der Käse eine feste, cremige Konsistenz hat.

Den Käse auf die Hälfte der runden Teigblätter verteilen und diese jeweils mit einem zweiten Teigblatt gut verschließen. Dabei die Ränder gut andrücken. Die *Sevadas* in heißem Olivenöl frittieren, mit Honig beträufeln oder mit Puderzucker bestreuen und warm servieren.

Ernte-Essen mit den »Mamojà«-Winzern

Enoteca »La Rossa« – Mamoiada

Die Winzer von Mamoiada haben sich vor einigen Jahren mit wenigen Ausnahmen zur Vereinigung »Mamojà« zusammengeschlossen. Treibende Kraft dabei war Francesco Sedilesu, das bekannteste Gesicht unter den Cannonau-Produzenten aus Mamoiada. Gegenseitige Hilfe, Erfahrungsaustausch, Zusammenarbeit und gemeinsame Werbeaktionen für ihre Weine stehen im Mittelpunkt. Über die rein weinwirtschaftlichen Interessen hinaus verbindet die engagierten Männer und Frauen aber auch eine tiefe Freundschaft.

Gemeinsame Feste fördern den Zusammenhalt und gehören im von tief verwurzelten Bräuchen und Traditionen geprägten Barbagia-Dorf zum Alltag. Den Abschluss der Weinernte feiern »Mamojà«-Winzer in der örtlichen Enoteca »La Rossa« von Andrea Ladu. Francesca, Andreas Mutter, bereitet die traditionellen Speisen für das gemeinsame Erntedank-Essen zu.

Zuppa di Merha – das Arme-Leute-Gericht überzeugt in der Version von Francesca Ladu durch seinen besonderen frischen und leicht säuerlichen Geschmack.

Zuppa di Merha

Merha-Suppe mit Fregula und Kartoffeln

***Für 4 Personen · Zubereitung:** 20 Minuten · **Kochzeit:** 30 Minuten · **Schwierigkeitsgrad:** leicht*

1 weiße Zwiebel
500 g mehligkochende Kartoffeln
Olivenöl extra vergine zum Braten plus etwas Olivenöl zum Beträufeln
100 g Fregula sarda
100 g Merha oder Caglio (ein sardischer Salzlakenkäse; es kann auch ein säuerlicher griechischer Feta verwendet werden)

Die Zwiebel abziehen und fein hacken. Die Kartoffeln schälen und in kleine Würfel schneiden.

In einem Topf das Olivenöl erhitzen. Die Zwiebel darin goldgelb anschwitzen. Kartoffeln und *Fregula* hinzugeben und mit Wasser aufgießen. Gute 20 Minuten – ohne Salz – kochen.

Die *Merha* oder den *Caglio* zerbröseln und unterrühren. Weitere 10 Minuten köcheln lassen, auf vier tiefe Teller verteilen und mit etwas Olivenöl extra vergine servieren.

An kühlen Herbsttagen wärmt dieser herzhafte Gemüseeintopf von Francesca Ladu Leib und Seele.

Corrinzolu in cassola

Sardischer Gemüseeintopf

Für 4 Personen · Zubereitung: 20 Minuten · Kochzeit: 2 Stunden · Schwierigkeitsgrad: leicht

500 g mehligkochende Kartoffeln
200 g grüne Bohnen
200 g Tomaten
3 weiße Zwiebeln
Salz
Olivenöl extra vergine zum Braten
200 ml Vermentino (oder anderer trockener Weißwein)
etwas Peperoncino (Chiliflocken)
etwas getrockneter Basilikum
etwas frisch geriebener Pecorino sardo

Die Kartoffeln schälen und klein würfeln. Die Bohnen putzen, waschen und in kleine Stücke schneiden. Die Tomaten waschen, trocken tupfen, die Stielansätze entfernen und das Fruchtfleisch in kleine Stücke schneiden. Die Zwiebeln abziehen und in Streifen schneiden.

Kartoffeln und grüne Bohnen in kochendem Salzwasser 20 Minuten garen. In einer großen Pfanne das Olivenöl erhitzen, die Zwiebelstreifen darin goldgelb anschwitzen. Die Tomaten hinzufügen und etwas einkochen lassen. Kartoffeln und Bohnen dazugeben, salzen und den Weißwein angießen. 1–1 ½ Stunden in der Pfanne auf dem Herd oder im Backofen schmoren lassen.

Mit etwas *Peperoncino*, getrocknetem Basilikum und geriebenem *Pecorino sardo* abschmecken. Der Gemüseeintopf schmeckt nach Auskunft der Mamojà-Winzer aufgewärmt noch viel besser.

Ein klassisches Gericht aus der bäuerlichen sardischen Küchentradition – Zicklein geschmort im roten Cannonau und mit der Würze der Myrte.

Capretto con Cannonau e mirto

Zicklein mit Cannonau und Myrte

Für 4 Personen · *Zubereitung: 30 Minuten* · *Ruhezeit: 24–36 Stunden* · *Bratzeit: 90 Minuten*
Schwierigkeitsgrad: *mittel*

1 kg Zickleinfleisch, küchenfertig vorbereitet
750 ml Cannonau di Sardegna (oder anderer trockener Rotwein) plus etwas zum Angießen
1 weiße Zwiebel
2 Knoblauchzehen
2 getrocknete Tomaten (ohne Öl)
einige frische Myrtenblätter
Olivenöl extra vergine zum Braten
etwas Peperoncino (Chiliflocken)
Salz

Das Zicklein in Stücke schneiden, diese in ein breites Gefäß geben und mit Cannonau bedecken. 24–36 Stunden im Kühlschrank ruhen lassen.

Die Zwiebel abziehen und fein hacken. Die Knoblauchzehen abziehen und andrücken. Die getrockneten Tomaten klein schneiden. Die Myrtenblätter waschen und trocken tupfen.

In einer großen Pfanne das Olivenöl erhitzen, das trocken getupfte Fleisch darin goldbraun anbraten. Die Fleischstücke aus der Pfanne nehmen und im entstandenen Fond Zwiebel, Knoblauch, Myrtenblätter, getrocknete Tomaten und etwas *Peperoncino* schmoren.

Nach einigen Minuten die Temperatur erhöhen, das Fleisch wieder hinzufügen und mit Cannonau aufgießen. Nach Bedarf salzen und bedeckt bei mittlerer Temperatur etwa 90 Minuten schmoren lassen. Heiß servieren.

Rina Congiu – Dolceria »Antichi Sapori«

Mamoiada

Eine Welt für sich bilden die sardischen Süßigkeiten. Jede Ortschaft bietet ihre jeweils eigenen Spezialitäten an: mit Mandeln und Nüssen, Pinienkernen, Honig und Traubenmost, mit Sultaninen und Zuckerglasur, mit Zitrusfrüchten und Frischkäse.

Rina Congiu von der Dolceria »Antichi Sapori« in Mamoiada versteht ihr Handwerk. Gemeinsam mit ihrem Sohn Elia bereitet sie mit viel Leidenschaft und handwerklichem Können verführerisches Feingebäck und traditionelle Süßspeisen zu. In ihrer Dolceria hat sie gerade *Pistoccos*, die klassischen *Savoiardone di Sardegna*, in Arbeit. Zucker, Mehl und geschlagenes Eiweiß werden zu einem feinen Teig verrührt und dann 12 Minuten bei 180 °C Ober-/Unterhitze im Ofen gebacken.

Sas Gallettinas, Gallettine oder auch *Pistoccheddus grussus* sind überall in Sardinien beliebte Frühstückskekse: einladend locker und mit leicht frischem Zitronengeschmack.

Gallettinas

Frühstückskekse mit Zitronengeschmack

Für ca. 30 Stück · Zubereitung: 90 Minuten · Backzeit: 10–12 Minuten · Schwierigkeitsgrad: leicht

4 Eier (Größe M)
300 g Schmalz
400 g Zucker
1 kg Weizenmehl (Type 405)
2 Pck. Hefe
Abrieb von 2 unbehandelten Zitronen
etwas Milch (3,5 % Fett) zum Bestreichen
Puderzucker

Die Eier gut mit dem Schmalz und dem Zucker verrühren und cremig schlagen. Mehl, Hefe und Zitronenabrieb unterrühren. Den Teig abgedeckt im Kühlschrank 1 Stunde ruhen lassen.

Den Backofen auf 160–170 °C Ober-/Unterhitze vorheizen.

Den Teig etwa 0,5 cm dick ausrollen und mit einem Keksausstecher beliebige Formen ausstechen. Die Oberfläche mit etwas Milch bestreichen und mit Puderzucker bestreuen. Im vorgeheizten Ofen etwa in 10–12 Minuten goldbraun backen. Abkühlen lassen und in einer gut verschließbaren Schachtel aufbewahren.

Pani 'e saba oder *Pan di sapa* war einst ein Brot der Armen, aus *Sapa*, gekochtem Most, hergestellt – und damit süß. Heute wird es mit Mandeln, kandierten Orangenzesten, Zimt und Rosinen angereichert.

Pani 'e saba

Würziges, süßes Brot mit eingekochtem Traubenmost

Für ca. 5–6 Stück · Zubereitung: 60 Minuten · Ruhezeit: 2–3 Tage · Backzeit: 40 Minuten
Schwierigkeitsgrad: mittel

600 g Rosinen
600 g Mandelkerne, geröstet
100 g Pinienkerne
100 g Walnusskerne
Zesten von 1 unbehandelten Orange
etwas gemahlener Zimt
gemahlene Gewürznelken
500 ml eingekochter Traubenmost
400 g Weizenmehl (Type 405)
100 g Zucker

Außerdem
geröstete Mandelkerne zum Garnieren
kleine farbige Zuckerperlen zum Garnieren

Die Rosinen gründlich abbrausen und auf einem Tuch trocknen. Geröstete Mandeln, Pinienkerne und Walnüsse in kleine Stücke hacken. Die Orangenzesten abbrausen, trocken tupfen und klein hacken.

Rosinen, Mandeln, Walnüsse und Pinienkerne mit den klein gehackten Orangenzesten, etwas Zimt und einigen gemahlenen Gewürznelken in den Traubenmost geben, gut verrühren und das Ganze 2–3 Stunden im Kühlschrank ruhen lassen.

Den Most langsam mit etwas Mehl und Zucker aufkochen, bis eine gleichmäßig dicke Masse entsteht. Abkühlen lassen und mit den Händen aus der Masse mehrere gleich große Bälle formen. In jeden Teigball in der Mitte für die typische Form des Kranzkuchens ein Loch drücken. Die Teigbälle auf ein Backblech legen, mit einem Leinentuch bedecken und 2–3 Tage ruhen und trocknen lassen.

Den Backofen auf 180 °C Ober-/Unterhitze vorheizen. Teigbälle darin 40 Minuten backen. Das gebackene *Pani 'e saba* mit gerösteten Mandeln und nach Belieben mit Zuckerperlen garnieren.

Die *Aranzadas*, eine typische Süßspeise aus der Gegend um Nuoro, verführen mit dem fruchtig-frischen Duft der Orangen, knusprigen Mandeln und süßem Honig.

Aranzadas

Konfekt aus Honig, kandierten Orangenschalen und Mandeln

Für ca. 30 Stück · Zubereitung: 45 Minuten · Ruhezeit: 5 Tage · Kochzeit: 40 Minuten
Schwierigkeitsgrad: mittel

500 g frische Orangenzesten
500 g Honig
100 g Zucker
150 g Mandelkerne, leicht geröstet und in Stifte geschnitten

Die Orangenzesten 5 Tage in ein Wasserbad geben. Das Wasser täglich wechseln, damit die Bitterstoffe aus der Schale entweichen. Herausnehmen und trocken tupfen.

Die trockenen Zesten mit dem Honig bei geringer Temperatur langsam köcheln lassen, bis die Zesten den Honig aufgesaugt haben; dabei häufig umrühren. Nun den Zucker und die gerösteten Mandelstifte hinzufügen und gut vermischen, bis der Zucker kristallisiert.

Das Ganze auf eine mit Alufolie ausgelegte Fläche schütten und mit einem Nudelholz gleichmäßig in eine 1–1,5 cm dicke Schicht auswälzen. Einige Stunden ruhen und abkühlen lassen. Die Masse mit einem Messer in die gewünschten Formen schneiden.

In der Barbagia, im Herzen Sardiniens, wird bester Honig gewonnen. Und es wachsen ausgezeichnete Mandeln und Nüsse. Seit Generationen wird hier in der Gegend um Tonara aus diesen einfachen und natürlichen Zutaten *Torrone* hergestellt. Die Rezepte ändern sich je nach Zugabe von Früchten und Gewürzen.

Torrone alle mandorle

Nugat mit Mandeln und Honig

Für 10–20 Stück (je nach Größe) · Zubereitung: 20 Minuten · Kochzeit: 60–70 Minuten
Schwierigkeitsgrad: leicht

500 g Mandelkerne, blanchiert
500 g Honig
2 Eiweiß (Größe M)
einige Oblaten

Den Backofen auf 180 °C Ober-/Unterhitze vorheizen. Die geschälten Mandeln darin 15 Minuten rösten.

In einer Pfanne den Honig mit dem Eiweiß bei geringer Temperatur langsam erwärmen und 40–45 Minuten unter ständigem Umrühren mit einem Holzlöffel köcheln lassen.

Die Mandeln untermischen und weiterkochen, bis sich die Masse leicht von der Pfanne lösen lässt.

Ein passendes Gefäß mit den Oblaten auslegen und die Honig-Mandel-Masse darüber verteilen. Abkühlen lassen und zum Servieren in Stücke schneiden.

Mamoiada

Coltellaio Paolo Pinna – Der Meister der sardischen Messer

Das Hirtenmesser *Sa resolza* oder *resolja* ist ein Stück sardischer Identität – und ein wichtiger Gebrauchsgegenstand des täglichen Lebens. Bei sardischen Männern gilt es noch heute als eine Art Statussymbol. Dafür muss es selbstverständlich von Hand geschmiedet sein. Das typische sardische Messer ist ausklappbar, und die aufwendig geschmiedete Stahlklinge hat beim weit verbreiteten *Pattadesa*-Klappmesser die Form eines Myrtenblattes. Der verzierte Griff besteht in der Regel aus Mufflon- oder Schafsbockhorn. All das macht ein wertvolles Einzelstück aus. Paolo Pinna, Jahrgang 1965, hat vor Jahren seinen sicheren Beruf als Krankenpfleger in Nuoro aufgegeben und sich als Autodidakt der uralten Handwerkskunst des Messerschmiedens zugewandt. Seine beiden Onkel, *tziu* Prospero Piras und *tziu* Busia, waren die letzten in Mamoiada gewesen, die bis vor zwei Jahrzehnten eine Schmiedewerkstatt betrieben hatten. Dabei gab es einst in jedem sardischen Dorf einen eigenen Schmied, der auch die Messer für das Dorf herstellte.

In einer Garage im Ortsteil Sa Pratha Manna hat Paolo Pinna seine Werkstatt eingerichtet und sich auf die Suche nach den Geheimnissen der Bearbeitung von Stahl und der mittelalterlichen Schmiedetechnik der Araber gemacht. Seine Messer stellt Paolo Pinna wie eh und je nach alter Tradition her: Zuerst wird das Horn dehnbar gemacht und gepresst, später der Griff geschnitzt. Danach entsteht die Klinge. Der Stahl wird gesägt, geschmiedet, gefeilt und anschließend in aufwendiger Arbeit in heißer Kohle gehärtet. In Sardinien gilt Paolo Pinna heute als Meister der sardischen Messer. Er selbst sieht sich nicht als solcher: »Ich habe noch viel zu lernen auf meinem Weg!«

Der Tanz der Mamuthones

Maschere Ruggero Mameli – Mamoiada

Tradition, Brauchtum und vor allem die uralten Karnevalstraditionen stehen in der Barbagia in direktem Bezug zum Alltag, zu den Lebensbedingungen der Bauern und Hirten, zur Natur. Mamoiada etwa hat sich mit seinem archaisch anmutenden, leicht düsteren Karneval einen Namen gemacht. Die traditionellen Karnevalsfiguren treten jedes Jahr am 17. Januar, zum Fest des Heiligen Antonius des Täufers, erstmals in Erscheinung. Das ganze Dorf ist auf den Beinen und nimmt am Geschehen teil. Da tauchen sie auf, die *Mamuthones* mit ihren furchterregenden, etwas traurigen schwarzen Masken, in Felle gekleidet, mit Dutzenden von Glocken behangen – springen langsam und rhythmisch auf und ab, unter den schaurig aufrüttelnden Klängen der vielen Glocken, vorbei an großen Feuern, die im Dorf brennen. Um sie herum tänzeln ganz in Rot gekleidete, elegante *Issohadores* mit weißen Masken, Lassos in der Hand, mit denen sie die *Mamuthones* in Schach halten.

Ruggero Mameli, Jahrgang 1954, hat als Jugendlicher das Tischlerhandwerk gelernt – bis er bemerkte, dass niemand mehr in Mamoiada die Kunst des Maskenschnitzens beherrscht. Eine 200 Jahre alte *Mamuthones*-Maske hat ihn zu seiner Berufung geführt. Noch heute schnitzt er seine Masken nach dem historischen Muster – nicht mehr aus wild gewachsenem, schwerem Birnenholz wie das Vorbild, sondern aus leichterem Erlen- und Kirschbaumholz, aus Eiche und Kastanie, aus Wacholder- und Olivenholz, aus dem Erdbeer- und dem Lorbeerbaum.

Seine Sammlung von über 200 Masken aus aller Welt stellt Ruggero Mameli in einem kleinen Museum im Zentrum von Mamoiada aus. Nur einige Schritte entfernt hat 2012 das »Museo delle Maschere«, das Maskenmuseum von Mamoiada, seine Tore geöffnet. Das sehenswerte Museum zeigt Kostüme und Masken der *Mamuthones* und der Karnevalstradition aus den Dörfern der Barbagia.

Experience Hotel »Su Gologone«

Oliena

Das Experience Hotel »Su Gologone« präsentiert sich als charmantes Landhotel mitten in Sardiniens Bergwelt, unweit der namensgebenden antiken Quelle Su Gologone. »Wie mein Mann Peppeddu und ich 1967 mit unserem Projekt gestartet sind, gab es hier noch keine Straße, keinen Strom und kein Telefon«, blickt Pasqua Salis Palimodde, die Seniorchefin, zurück, »und alle haben uns damals für verrückt erklärt. Wir hatten nämlich nichts, waren nur voller Ideen und voller Tatendrang.«

Mittlerweile ist »Su Gologone« mit seiner Naturverbundenheit und seiner Verwurzelung in der Tradition des Landes zu einem nachahmenswerten Vorbild für ganz Sardinien geworden. Die Hotelanlage besteht aus mehreren in die Umgebung eingebundenen Gebäuden, Gärten, Themenplätzen mit sardischem Handwerk und sardischen Traditionen sowie gemütlichen Laubengängen und ist sehr geschmackvoll mit Antiquitäten und sardischem Kunsthandwerk eingerichtet. Besonderes Augenmerk legt die Familie Palimodde – neben Pasqua Salis Palimoddes Tochter Giovanna und Enkeltochter Camilla – auf die sardische Küchentradition mit vielen hausgemachten Spezialitäten und traditionellen Gerichten, die mit besonderer Sorgfalt zubereitet und präsentiert werden.

Im »Nido del pane« in »Su Gologone« führen Hausfrauen aus der Gegend die Gäste in die Kunst des sardischen Brotbackens ein. Neben *Pane carasau* und *Casadinas* bereiten sie auch *Paneddas*, die typisch sardische Foccaccia, im Holzbackofen zu.

Paneddas

Sardische Focaccia

Für ca. 6–8 Stück · Zubereitung: 30 Minuten · Ruhezeit: 2–3 Stunden · Backzeit: 5 Minuten
Schwierigkeitsgrad: mittel

1 kg Hartweizengrieß
Salz
1 EL Olivenöl extra vergine

Den Hartweizengrieß mit 450 ml leicht gesalzenem Wasser und dem Olivenöl zu einem geschmeidigen Teig kneten und diesen 2–3 Stunden ruhen lassen.

Den Backofen auf 200 °C Ober-/Unterhitze vorheizen.

Aus dem Teig kleine Kugeln formen und diese zu runden, etwa 0,5 cm dicken Scheiben austreiben. Diese im vorgeheizten Ofen 3–5 Minuten backen.

Je nach Belieben können die *Paneddas* vor dem Backen mit getrockneten Tomaten, Frischkäse oder aromatischen Kräutern wie Rosmarin oder wildem Fenchel belegt werden.

Frisciura de angioi, die Innereien vom Lamm, sind ein altes, rustikales Gericht – hier mit Vermentino di Gallura verfeinert.

Coratella di agnello al Vermentino

Innereien vom Lamm mit Vermentino

Für 4 Personen · Zubereitung: 30 Minuten · Ruhezeit: 2 Stunden · Kochzeit: 30 Minuten
Schwierigkeitsgrad: mittel

1 kg Innereien vom Lamm (Leber, Herz, Lunge, Milz und Darm)
500 ml Weißweinessig
1 weiße Zwiebel
1 Knoblauchzehe
Olivenöl extra vergine zum Braten
1 Glas Vermentino di Gallura (oder anderer trockener Weißwein)
etwas frisch gehackte Petersilie
Salz

Innereien und vor allem den Darm unter fließendem Wasser sauber putzen und waschen. Den Darm in eine Schüssel mit Essigwasser geben und dort mindestens 2 Stunden ziehen lassen. Dann Darm und Innereien in kleinere Stücke schneiden.

Zwiebel und Knoblauchzehe abziehen und fein hacken. In einer großen Pfanne das Olivenöl erhitzen, Zwiebel und Knoblauch darin goldbraun anschwitzen. Nach einigen Minuten die Lunge dazugeben und kurz mit anbraten, dann in der Reihenfolge das Herz, den Darm und zum Schluss Leber und Milz hinzufügen. Alles gut anrösten, den Weißwein angießen, die Petersilie darüberstreuen, salzen und etwa 20 Minuten kochen lassen.

Wurde ein Tier geschlachtet, verwertete man einst alles. Weggeschmissen wurde nichts – das konnte man sich nicht leisten. Die Zubereitung der *Sa Trattalia,* der Innereien von Ziege und Schaf, hat in der agropastoralen Welt Sardiniens eine uralte Tradition.

Trattalia di capretto

Innereien vom Zicklein

Für 4 Personen · Zubereitung: 20 Minuten · Bratzeit: 70 Minuten · Schwierigkeitsgrad: leicht

1 kg Innereien vom Zicklein (Leber, Herz, Lunge, Milz, Bries, Darm und Fettnetz vom Bauch)
Salz

Die Innereien bis auf Darm und Fettnetz in größere Stücke zerteilen und abwechselnd auf einen Spieß – oder mehrere kleine Spieße – schichten. Die Spieße 20–30 Minuten auf der heißen Glut am Holzkohlegrill von allen Seiten gut anbraten und salzen.

In der Zwischenzeit Darm und Fettnetz gründlich waschen und die Spieße darin gut einwickeln. Die Innereien dann etwa weitere 40 Minuten über der Glut braten und anschließend heiß servieren.

De Culurgiones ist das traditionelle Pastagericht aus der Ogliastra an der Ostküste Sardiniens. Die kunstvoll geformte Pasta lässt sich mit den verschiedensten Füllungen zubereiten – klassisch mit Kartoffeln und Pecorino und mit einer würzigen Tomatensauce serviert. Je nach Region werden die *Culurgiones* auch *Culingiones* oder *Culungiones* genannt.

Culurgiones di patate e pecorino

Gefüllte Teigtaschen mit Kartoffeln und Schafskäse

Für 4 Personen · Zubereitung: 45 Minuten · Kochzeit: 20 Minuten · Schwierigkeitsgrad: mittel

Für die Füllung
1 kg mehligkochende Kartoffeln
300 g Pecorino, gerieben
einige frische Minzblätter
1 Knoblauchzehe, abgezogen und fein gehackt
3 EL Schmalz (strutto)

Für den Teig
Salz
300 g feiner Hartweizengrieß

Für die Füllung die Kartoffeln kochen, pellen und durch die Kartoffelpresse drücken. Den Kartoffelbrei mit allen anderen Zutaten vermischen und die Masse etwas ruhen lassen.

Für den Teig 100 ml Wasser und etwas Salz vermischen. Dann Salzwasser und Grieß langsam zu einem elastischen, glatten Teig verarbeiten und diesen dünn ausrollen. Daraus etwa 10 cm große Kreise ausstechen und darauf jeweils einen Löffel der Füllung platzieren. Die beiden Seiten über der Füllung zusammenklappen und von unten nach oben mit den Fingern zur traditionellen Form »verzopfen«.

In kochendem Salzwasser 15–20 Minuten garen. Mit Tomatensauce und frisch geriebenem Pecorino servieren.

Der sardische Klassiker in Sachen Lammgerichte: zart, schmackhaft und intensiv.

Agnello arrosto

Lamm vom Holzkohlegrill

Für 8–10 Personen · Zubereitung: 25 Minuten · Bratzeit: 60–80 Minuten · Schwierigkeitsgrad: mittel

1 Milchlamm (4–4,5 kg), küchenfertig vorbereitet
Salz

Das Milchlamm in zwei Hälften teilen, auf dem Grillspieß befestigen und in der Nähe des Holzfeuers (in Sardinien aus Olivenholz und dem Holz des Erdbeerbaumes) etwas trocknen lassen. Dann den Spieß über der Glut befestigen und das Fleisch bei langsamem Drehen und ständiger Hitze etwa 1 Stunde braten. Sobald das Fleisch durch ist, in kleinere Stücke schneiden, salzen und sofort servieren.

Casadinas gehören zu den bekanntesten und beliebtesten Gebäcksorten Sardiniens. Früher nur zu Ostern gebacken, sind sie heute das ganze Jahr erhältlich. Man findet sie auch unter den Bezeichnungen *Pardulas, Cajatini* oder *Formagelle*.

Casadinas al formaggio

Sardische Käsetörtchen

Für ca. 15 Stück · Zubereitung: 30–40 Minuten · Ruhezeit: einige Stunden · Backzeit: 30 Minuten
Schwierigkeitsgrad: mittel

Für den Teig
400 g Hartweizengrieß
100 g Schmalz
Salz

Für die Füllung
500 g frischer Käse (oder Ricotta), gerieben
100 g Zucker
2 Eier (Größe M)
Abrieb von 1 unbehandelten Zitrone (oder Orange)
100 g Rosinen
50 g Weizenmehl (Type 405)

Außerdem
etwas Honig zum Bestreichen

Hartweizengrieß, Schmalz, etwas Salz und etwas lauwarmes Wasser zu einem geschmeidigen Teig verarbeiten. Diesen mit einem Küchentuch abdecken und einige Stunden ruhen lassen.

Den Backofen auf 150 °C Ober-/Unterhitze vorheizen.

In einer Schüssel den geriebenen Käse gut mit Zucker, Eiern, Zitronenabrieb und Rosinen vermischen. Etwas Mehl untermischen, damit die Füllung die richtige Konsistenz erhält.

Den Teig dünn ausrollen und Kreise mit einem Durchmesser von etwa 10 cm ausstechen. Darauf jeweils einen Löffel der Füllung geben. Die Teigränder etwas hochklappen und an mehreren Stellen zusammenkneifen, um eine Schalenform zu bilden.

Die *Casadinas* auf einem mit Backpapier ausgelegten Backblech platzieren und im vorgeheizten Ofen in etwa 30 Minuten goldbraun backen. Aus dem Ofen nehmen und mit etwas Honig bestreichen. *Casadinas* werden normalerweise lauwarm serviert.

Costumi della Barbagia

Die farbenprächtigen Trachten Sardiniens in Oliena

Überaus farbenprächtig, mit reichen Stickereien und kostbarem Schmuck präsentieren sich die Trachten in Sardinien. Fast jede größere Ortschaft hat ihre eigene Tracht mit ihren spezifischen Merkmalen. Insgesamt gibt es über 400 verschiedene noch heute gepflegte und getragene Trachten auf der Insel.

So verschiedenartig diese auch sind, alle haben gemeinsame Merkmale: Die Frauen tragen einen Schleier, eine Haube oder einen reich verzierten Schal, dazu lange plissierte Röcke und farbenprächtig bestickte Schürzen. Die Männer sind einfacher und in ganz Sardinien relativ einheitlich gekleidet: Sie tragen die sardische schwarze Kappe *Birrita*, dazu ein rockartiges Wams und an den Beinen weiße Hosen sowie schwarze Stulpen aus Schafwolle.

Trachten waren und sind in Sardinien nicht nur beliebte Kleidungsstücke. Sie bringen Tradition und Identität zum Ausdruck. Eine Tracht ist immer auch ein äußerliches Zeichen der lokalen Herkunft und des jeweiligen Standes. Das Tragen von Trachten und traditionellem Schmuck ist nach wie vor Bestandteil jedes sardischen Festes und Ausdruck von Stolz und Selbstbewusstsein.

Das »Museo della Vita e delle Tradizioni Popolari Sarde« in Nuoro beherbergt die größte völkerkundliche Sammlung der Insel: Trachten, Masken, Schmuck, Textilien, Musikinstrumente und religiöse Gegenstände geben einen tiefen Einblick in den sardischen Alltag der Vergangenheit. Im schmucken Oliena wartet das ehemalige »Collegio dei Gesuiti« mit einer einmaligen, künstlerisch aufwendig gestalteten Sonderausstellung zum Thema »Ilande ... rincorrendo il filo« auf. Ein Künstlerteam bespielt in sieben Räumen des historischen Gebäudes Vielfalt und Details der Trachten aus Oliena. *Tunicas danzanti, Nues de Hammisas, Mariposas e muncadores, Sa vranda, Su corredo, Su gippone e sos sonaggios, Su gippone 'e frores ...*

Die Insel der Hundertjährigen

Das Geheimnis der Sarden

Altersforscher haben weltweit »Blue Zones« herauskristallisiert, Regionen, in denen prozentual überdurchschnittlich viele Menschen sehr alt werden. Dazu zählt neben der griechischen Insel Ikaria, Loma Linda in Kalifornien, Nicoya in Costa Rica und der japanischen Insel Okinawa auch Sardinien – und hier besonders einige Dörfer im Landesinneren.

Eine Kombination verschiedener Faktoren ist laut Auskunft der Wissenschaftler für die hohe Zahl der Hundertjährigen und für die Langlebigkeit der Sarden verantwortlich. »Wichtig sind die genetischen Voraussetzungen. Dann spielen die Lebensumstände und die Lebensführung eine Rolle. Hier geht es um Bewegung an der frischen Luft, um die soziale Eingebundenheit in Familie und Freundeskreis, um Lebenssinn und die Wertschätzung des Alters und der alten Menschen.«

Und schließlich trägt auch die Ernährung zu einem langen Leben bei. Von mediterraner, fleischarmer und gesunder Diät mit viel Fisch wollen die Sarden aber meist nichts wissen. Vor allem in den Bergen hat man eine Abneigung gegen das Meer und seine Produkte. Dort schwört man auf Würste und Schinken, auf frittierte Vorspeisen und Pasta und vor allem auf Fleisch und die anschließenden Süßspeisen. Nicht fehlen dürfen selbstverständlich Pecorino und Cannonau. Die »gesunden« Lebensmittel sind für die Altersforscher allerdings nur ein Faktor für ein langes Leben. »Ein anderer ist die Ausgewogenheit der Ernährung. Und ein weiterer ist das maßvolle Essen und Trinken.«

Tzia Maria Gungui Soddu, Jahrgang 1916 – Mamoiada

Maria Gungui ist am 18. September 1916 in Mamoiada als Tochter eines Hirten und Viehhändlers zur Welt gekommen. »Es ist uns immer gut gegangen. Wir hatten Ackerflächen, Vieh und Reben. Hunger hatten wir deshalb nie«, blickt *tzia* Maria zurück. »Ich habe sogar die Malaria überstanden.« Gegessen wurde, was auf den Tisch kam, alles aus eigener Produktion selbstverständlich. »Einmal haben wir ein Schwein mit 200 Kilogramm geschlachtet und davon 100 Kilogramm Würste gemacht. *Ma che buone!*«

1943 hat Maria Gungui den Hirten Antonio Soddu geheiratet. Sechs Kinder kamen zur Welt. 1953 eröffneten beide gemeinsam einen kleinen Tante-Emma-Laden in Mamoiada. Seither sitzt *tzia* Maria dort an der Kasse und schreibt heute noch die Aufträge selbst. 1986 stirbt ihr Mann – seither kleidet sie sich schwarz, das ist Tradition für eine Witwe in Sardinien.

Was das Geheimnis ihres langen Lebens ist? »Da gibt es kein Geheimnis. Ich habe alles erlebt in meinem Leben, gute und schlechte Zeiten«, erzählt Maria Gungui Soddu. »Ich habe immer gearbeitet und ein gesundes Leben geführt. Die Familie und der Glaube standen dabei immer im Mittelpunkt.«

Hochburg der sardischen Webkunst

Genossenschaft »Su Trobasciu« von Frauen in Mogoro

Sardinien ist reich an eigenständigen Kunsthandwerkstraditionen, die seit Jahrtausenden bestehen und bis heute lebendig sind: Keramik- und Goldschmiedearbeiten, Webteppiche und Textilien, kunstvolle Messer, Holz- und Korbwaren, Glas, Leder und wertvolle Stickereien bereichern seit jeher den oft kargen Alltag. Das malerisch im sardischen Hinterland gelegene Dorf Mogoro zählt zu den Hochburgen der sardischen Webkunst. Seit 1962 findet hier die größte regionale sardische Handwerksmesse, die »Fiera dell'Artigianato artistico della Sardegna«, statt. Hier haben zehn Frauen 1978 auch die Genossenschaft »Su Trobasciu« gegründet. »Um die traditionelle sardische Webkunst zu retten und zu erhalten«, wie Wilda Scanu, seit 1985 Präsidentin der Gruppe, erzählt.

Auf ihren teils traditionellen Webstühlen aus Kastanienholz stellen die sieben Frauen, die heute Mitglieder der Genossenschaft sind, Textilien her, die einst vor allem für die Aussteuer verwendet wurden: Tischtücher, Decken und edle Wandteppiche. Bei den Gobelins kommen Kreativität und geschmackvolles Design besonders zur Geltung, freut sich Wilda Scanu: »Hier mischen sich bunte, kraftvolle Farben, die den oft eintönigen, kargen sardischen Häusern das besondere Etwas geben.« An einem Quadratmeter Gobelin arbeitet eine Frau mindestens zwei Wochen. Zehn Zentimeter Brokatstoff schafft eine geübte Weberin an einem Tag. Alle verwendeten Materialien sind natürlichen Ursprungs: Schafwolle und Leinen kommen direkt aus Sardinien, Baumwolle und Seide werden zugekauft. Die Professionalität der Weberinnen und das unschätzbare Wissen, das von Generation zu Generation weitergegeben wird, ermöglichen die Herstellung von hochwertigen Textilien und einzigartigen Stücken. »Su Trobasciu« steht zudem in Kontakt mit zahlreichen sardischen Künstlern und Designern und arbeitet mit ihnen in der Entwicklung neuer Techniken und avantgardistischer Projekte zusammen.

Roberto Serra – Ristorante »Sardo Su Carduleu«

Abbasanta

»In das Land verliebt« ist die Küche von Roberto Serra, Jahrgang 1982. Als Sohn einer Gastwirtsfamilie ist sein Weg vorgezeichnet. Nach der Hotelfachschule in Arzachena und einer jahrelangen Ausbildung bei berühmten Köchen im In- und Ausland kehrt Roberto 2013 auf seine Insel zurück und übernimmt in Abbasanta das Familienrestaurant »Sardo Su Carduleu«.

Tradition, Professionalität, Innovation und Leidenschaft – diese Zutaten bilden die Grundlage der Küchenphilosophie von Chef Roberto. Er ist ein engagierter Verfechter einer neuen sardischen Küche, in der er konsequent lokale Produkte einsetzt und diese mit viel Kreativität und großer Meisterschaft neu interpretiert. »Dabei kommt es neben Technik und Kochzeiten ganz wesentlich auf unsere Gefühle an«, ist Roberto Serra überzeugt. »Die wahrhaft guten Gerichte wachsen nicht aus einem Rezept heraus, sondern aus unserem Bauchgefühl und unserer Intuition.«

Roberto Serra präsentiert sein *Fregula*-Gericht mit der leicht herben Frische der *Pompia*, einer auf Sardinien beheimateten Zitrusfrucht, und der feinen Würze des Pecorino. Neben der marinierten Schafslende runden ein Hauch von Minze und Schnittlauch das Geschmackserlebnis ab.

Fregula al profumo di pompia e pecorino, lombetto di pecora marinata e olio all'erba cipollina

Fregula mit dem Duft von Pompia und Pecorino, mit marinierter Schafslende und Olivenöl mit Schnittlauch

Für 4 Personen · Zubereitung: 20 Minuten · Ruhezeit: 12 Stunden · Kochzeit: 15 Minuten
Schwierigkeitsgrad: leicht

200 g Fregula di grano Capelli (Fregula aus Hartweizengrieß)
1 frisches Lorbeerblatt
1 l Fleischbrühe
100 g Pecorino, gerieben
Olivenöl extra vergine zum Braten plus etwas Olivenöl zum Beträufeln
½ Pompia (oder eine andere Zitrusfrucht), in Stücke geschnitten und kandiert
Salz
frisch gemahlener schwarzer Pfeffer
1 kleine Schafslende, mind. 12 Stunden in Minze und Olivenöl mariniert
½ Bund frischer Schnittlauch, in Röllchen geschnitten
einige frische Basilikumblätter zum Garnieren

Die *Fregula* in einer Pfanne mit einem Lorbeerblatt und der Fleischbrühe 12–15 Minuten – je nach Größe der *Fregula* – kochen. Mit dem frisch geriebenen Pecorino, Olivenöl und der in kleine Stücke geschnittenen *Pompia* abschmecken. Mit Salz und Pfeffer würzen.

Die in Minzblättern und Olivenöl marinierte Schafslende in feine Scheiben schneiden und auf den *Fregula* verteilen. Mit Schnittlauchröllchen und Basilikumblättern garnieren, mit etwas Olivenöl beträufeln und heiß servieren.

Ein Wildgericht der besonderen Art: Die gebratene Ringeltaube garniert Roberto Serra mit sardischen Mandeln und Brombeerkompott.

Colombaccio selvatico arrostito all'alloro, nido di indivia e mandorle tostate, composta di more di rovo e sale affumicato

Mit Lorbeer gebratene wilde Ringeltaube auf einem Nest von Endivie und gerösteten Mandeln, Brombeerkompott und Rauchsalz

Für 4 Personen · Zubereitung: 20 Minuten · Ruhezeit: 3–4 Stunden · Kochzeit: 15 Minuten
Schwierigkeitsgrad: leicht

4 Ringeltaubenbrüste
4 Ringeltaubenkeulen
1 Gewürzstrauß aus frischem Lorbeer, Rosmarin, Knoblauch und Thymian
2 getrocknete Wacholderbeeren
2 getrocknete Gewürznelken
2 Stück belgische Endivie
1 EL Himbeeressig
Olivenöl extra vergine zum Braten plus 1 EL zum Abschmecken
12 sardische Mandelkerne
Salz
frisch gemahlener schwarzer Pfeffer
120 g Brombeerkompott oder -Konfitüre (aus dem Glas)
grobes Salz zum Bestreuen
einige frische Minzblätter zum Garnieren

Das Fleisch mit dem Gewürzstrauß, den Wacholderbeeren und den Gewürznelken 3–4 Stunden im Kühlschrank marinieren.

Die Endivienblätter vom Strunk lösen, putzen, waschen und trocken tupfen. In einer Tonschüssel die Endivienblätter mit Himbeeressig und 1 EL Olivenöl anrichten, darin ein Nest formen und die halbierten Mandeln darüberstreuen.

Die Ringeltaubenbrüste und -schenkel in einer Pfanne im restlichen Olivenöl scharf anbraten, salzen und pfeffern und dann unter den Gewürzen kurz ruhen lassen.

Die Brüste halbieren und mit den Keulen im Endiviennest platzieren. Mit dem Brombeerkompott garnieren und mit grobem Salz und frisch gemahlenem Pfeffer würzen. Mit Minzblättern garnieren.

Spanferkel, das Leibgericht der Sarden, verfeinert Roberto Serra mit einer bunten Gewürzmischung und einer feinen Sauce aus Cannonau di Sardegna.

Maialino da latte arrostito al profumo di finocchietto, schiacciata di patate e sugo di maialino alle spezie

Gebratenes Spanferkel mit wildem Fenchel, Kartoffeln und würziger Sauce

Für 4 Personen · Zubereitung: 60 Minuten · Kochzeit: 13 Stunden · Schwierigkeitsgrad: mittel

Für das gebratene Spanferkel

¼ Spanferkel (ca. 2 kg)
3 Knoblauchzehen
2 Zweige frischer wilder Fenchel
1 Zweig frischer Rosmarin
frisch gemahlener schwarzer Pfeffer
3 mittelgroße mehligkochende Kartoffeln
Salz
etwas Olivenöl extra vergine

Für die Sauce

2 Stangen Sellerie, geputzt und in Stücke geschnitten
2 Karotten, geschält und in Stücke geschnitten
1 rote Zwiebel, abgezogen und in Stücke geschnitten
3 frische Lorbeerblätter
1 Zweige frischer Rosmarin
eine Prise gemahlener Zimt
1 TL frischer Thymian
3 friche Salbeiblätter
1 EL Tomatenkonzentrat
300 ml Cannonau di Sardegna (oder anderer trockener Rotwein)

Das Spanferkel entbeinen, die Knochen aufbewahren. Die Knoblauchzehen abziehen, wilden Fenchel und Rosmarin abbrausen und trocken tupfen. Fenchel, Knoblauch und Rosmarin fein hacken und mit frisch gemahlenem Pfeffer mischen. Damit das Fleisch gut einreiben, dieses dann zusammenrollen und in Vakuum verpacken. Bei 80 °C im Wasserdampf im Backofen 12 Stunden garen, dann abkühlen lassen und das Fleisch in Medaillons schneiden.

In der Zwischenzeit die Sauce vorbereiten: Die Knochen des Spanferkels gut anbraten, die Röstgemüsemischung, die Gewürze und das Tomatenkonzentrat hinzufügen und mit dem Rotwein aufgießen. Die Flüssigkeit zu einer cremigen Sauce einkochen lassen und durch ein Sieb passieren.

Die Kartoffeln schälen und in kochendem Salzwasser garen.

Die Spanferkelmedaillons nochmals kurz anbraten. Die Kartoffeln mit Olivenöl, Salz und Pfeffer würzen, zerdrücken und gemeinsam auf vier Tellern anrichten. Mit der Sauce verfeinern und mit etwas wildem Fenchel garnieren.

Zafferano della Sardegna

Das rote Gold Sardiniens

Alljährlich verwandeln sich im Spätherbst die Felder bei San Gavino Monreale, Villanovafranca und Turri im Medio Campidano im Südwesten Sardiniens in ein leuchtend violettes Blütenmeer. In aufwendiger Arbeit werden die roten, süß-aromatisch duftenden Stempelfäden von den violetten Blütenblättern und den gelben Staubgefäßen der Krokusblüten der Gattung *Crocus sativus* von Hand gezupft, anschließend getrennt und getrocknet. Die traditionellen Anbau- und Verarbeitungstechniken wurden über Jahrhunderte hinweg vom Vater zum Sohn weitergegeben. Sardischer Safran hat einen einzigartigen und unverwechselbaren Geschmack und zählt zu den edelsten und teuersten Küchengewürzen. Für 1 kg reinen Safran müssen schließlich um die 100 000 Blüten gezupft werden.

Die Ursprünge des Gewürzes reichen bis in Zeiten der Phönizier zurück. Punier und Römer verwendeten Safran in erster Linie zum Färben ihrer Stoffe und als Medizin. Schließlich fand der Safran auch Einzug in die sardische Küche, wo er zu einem unverzichtbaren Gewürz und einem wichtigen Bestandteil in vielen Gerichten wurde. Safran verhilft Backwaren zu einer intensiven gelblichen Farbe und sorgt bei vielen Speisen für einen unvergleichlichen Geschmack.

Seit vier Generationen widmet sich im 420-Seelen-Dorf Turri auch die Familie Itria Paulis dem Safrananbau – seit 1995 mit viel Erfolg auch der Vermarktung des eigenen Safrans und der eigenen Produkte. Heute bewirtschaftet der Familienbetrieb rund um Maria und Elverio und ihre drei Kinder die größten Safran-Anbauflächen Sardiniens. Neben dem roten Gold Sardiniens widmet sich die Familie auch dem Anbau von sardischem Oregano und verschiedenen Gewürzen sowie von *Peperoncino Cayenna* und *Mirto*.

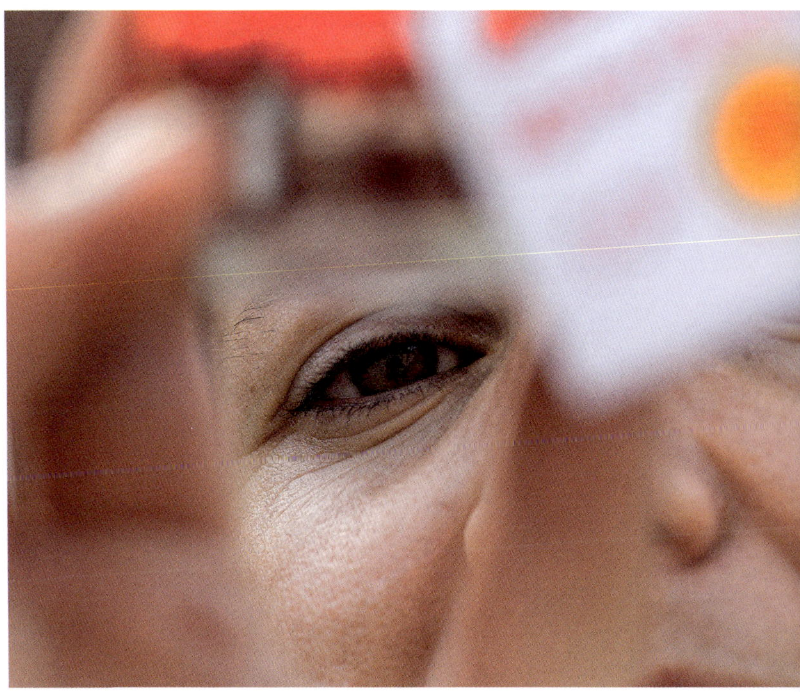

Getrocknete Tomaten in Olivenöl extra vergine – auf Sardisch *Pibadra* genannt – sind eine beliebte und häufig verwendete Beilage für Antipasti, zu Vorspeisen, zu Fleisch und Käse.

Pomodori secchi sott'olio

Getrocknete Tomaten in Olivenöl

Für ca. 3 250-g-Gläser · Zubereitung: 30 Minuten · Ruhezeit: einige Tage · Schwierigkeitsgrad: leicht

500 g getrocknete Tomaten (ohne Öl)
3 Knoblauchzehen
1 Zweig frischer Rosmarin
Olivenöl extra vergine zum Auffüllen
Salz

Die Tomaten kurz in heißes Wasser geben, um sie etwas aufzuweichen. Auf einem Tuch ausbreiten und mit Küchenpapier trocken tupfen. Mindestens 8 Stunden ruhen lassen, bis sie perfekt trocken sind.

Die Knoblauchzehen abziehen und fein hacken. Die Tomaten mit dem Knoblauch und den abgezupften Rosmarinnadeln in Gläser füllen und diese mit Olivenöl auffüllen. Mit Salz bestreuen.

Die Gläser gut verschließen und nach einigen Tagen kontrollieren. Die Tomaten müssen immer gut mit Olivenöl bedeckt sein. Vor dem Verzehr einige Tage ruhen lassen.

Kaninchen- oder Hasenbraten zählt zu den beliebten Gerichten der sardischen Küche. Maria Itria Paulis präsentiert ein einfaches, mit Lorbeer und Safran verfeinertes Rezept.

Coniglio con alloro e zafferano

Hase mit Lorbeer und Safran

Für 4 Personen · Zubereitung: 20 Minuten · Kochzeit: 30–40 Minuten · Schwierigkeitsgrad: leicht

1 Wildhase (oder Kaninchen; 1 kg), küchenfertig vorbereitet
1 weiße Zwiebel
1 Knoblauchzehe
½ Bund frische Petersilie
Olivenöl extra vergine zum Braten
einige frische Lorbeerblätter
200 ml Vernaccia di Oristano (oder anderer trockener Weißwein)
Salz
1 g Safran

Den Hasen gut waschen und in Stücke zerkleinern. Die Zwiebel und die Knoblauchzehe abziehen und klein hacken. Die Petersilie waschen, trocken schütteln, Blättchen abzupfen und klein hacken.

In einer großen Pfanne das Olivenöl erhitzen. Das Fleisch mit den Lorbeerblättern darin von allen Seiten gut anbraten. Knoblauch und Zwiebel hinzufügen und mitanschwitzen. Etwas Weißwein angießen, die Petersilie dazugeben und salzen.

Zum Schluss den Safran in der Sauce auflösen, alles gut durchmischen und heiß servieren.

RUSPANTE
USSANA
SAN. VITO
TERRALBA
€ 6,90 KL
RUSPANTI € 6,90 KL
S. VITO
USSANA

Das mit frischen Myrtenblättern aromatisierte Huhn gehört zu den traditionellen Gerichten Sardiniens. Es wird kalt serviert und ist ein wirkliches Geschmackserlebnis, denn die Myrtenblätter verleihen ihm ein besonderes Aroma.

Gallina al mirto

Freilandhuhn mit Mirto

Für 4 Personen · Zubereitung: 30 Minuten · Kochzeit: 60 Minuten · Ruhezeit: 24 Stunden
Schwierigkeitsgrad: mittel

1 Freilandhuhn (1,2 kg), küchenfertig vorbereitet
1 festkochende Kartoffel
1 weiße Zwiebel
1 Karotte
2 Stangen Sellerie
einige getrocknete Tomaten (ohne Öl)
Salz
10 Zweige frische Myrte

Das Huhn waschen und gut trocken tupfen. Die Kartoffel schälen und in Stücke schneiden. Die Zwiebel abziehen, die Karotte schälen und beides in grobe Stücke schneiden. Die Selleriestangen putzen, entfädeln und ebenfalls in grobe Stücke schneiden.

Huhn, Kartoffel, Karotte, Zwiebel, Sellerie und getrocknete Tomaten in einen großen Topf geben, mit Wasser auffüllen und salzen. Etwa 1 Stunde bei geringer Temperatur köcheln lassen, bis das Fleisch schön weich ist.

Das gegarte Huhn aus der Brühe nehmen, das Fleisch von den Knochen trennen und die Haut abziehen. Etwas nachsalzen.

Eine Schüssel mit einem Teil der Myrtenzweige auslegen und das warme Fleisch daraufbetten. Mit den restlichen Myrtenzweigen abdecken, das Ganze mit einem Teller beschweren und für 24 Stunden in den Kühlschrank stellen. Kalt servieren.

Der immergrüne, wild wachsende Myrtenstrauch ist überall in Sardinien verbreitet. Blätter und Beeren zählen zu den beliebtesten und typischsten Gewürzen der Insel. Und es gibt wohl kaum eine sardische Familie, die nicht selbst den intensiv-aromatischen *Mirto* herstellt. Zwischen Mai und Juli stehen die Büsche in voller Blüte. Die kleinen weißen Blüten verströmen einen intensiven Duft und dienen gemeinsam mit den Blättern als Grundlage für den etwas herberen *Mirto bianco*. Der aromatische und etwas süßere *Mirto rosso* wird aus den blauschwarzen *Mirto*-Beeren hergestellt, die im Spätherbst reif sind.

Mirto di Sardegna

Mehr als ein Likör: der traditionelle sardische Digestif

Für 2 l Likör · Zubereitung: ca. 1 Stunde · Ruhezeit: mindestens 3–4 Wochen

100 g getrocknete Myrtenbeeren
750 ml reiner Alkohol (95 %)
350–400 g Zucker

Die Myrtenbeeren über Nacht in 250 ml Wasser einweichen. Dann den Alkohol zu den Beeren und der Flüssigkeit hinzufügen und das Ganze in einem großen Glas oder einer großen Flasche mindestens 3–4 Wochen ziehen lassen. Das Gefäß täglich gut aufschütteln.

Nach der Mazerationszeit die Flüssigkeit mit einem Tuch abseihen, die Beeren gut ausdrücken (eine Kartoffelpresse leistet dabei gute Dienste) und die gesamte Flüssigkeit in zwei große Flaschen (Fassungsvermögen jeweils 1 Liter) geben.

Inzwischen 850 ml Wasser aufkochen und darin den Zucker auflösen. Den Sirup abkühlen lassen und anschließend zur filtrierten Alkohol-*Mirto*-Lösung geben und noch etwas ruhen lassen.

Der *Mirto* wird kalt als Aperitif und – wegen seiner verdauungsfördernden Wirkung – meist nach einer Mahlzeit als Digestif getrunken.

Sirissi
BIO
MIRTISSIMO®
LIQUORI DI SARDEGNA
Sirissi
ROSSO
MIRTISSIMO

GUINNESS

Cagliari – die Hauptstadt der Sarden

Schmelztiegel der Farben und Gerüche

Sardiniens Hauptstadt hat sich zum spannenden Schmelztiegel der Insel entwickelt. Hier konzentriert sich die bunte Vielfalt der sardischen Kultur und ihrer Bräuche, ihrer Küche und ihrer Traditionen und vermischt sich mit dem rasanten Aufbruch in die Moderne.

Cagliari präsentiert sich heute als einladende, quirlig-lebendige Stadt. Wer sich vom Meer her der Stadt nähert, bekommt wohl den unmittelbarsten Eindruck. Gleich am modernen Hafen öffnen sich eindrucksvolle Bilder und man kann direkt ins Alltagsleben von Marina, dem alten Hafenviertel, eintauchen. Hier herrscht geschäftiges Treiben. Eine Kneipe reiht sich an die nächste, wie etwa in der Via Sardegna. Von der einfachen Osteria bis zum Sternelokal reicht die Auswahl. Unter den hübschen Arkaden der weitläufigen Hafenpromenade Via Roma laden zahlreiche Geschäfte und Boutiquen zum Bummeln, Shoppen und Flanieren ein.

Das historische Stadtzentrum von Cagliari breitet sich auf dem dominanten Burghügel der Stadt aus. Die mächtigen Verteidigungsanlagen haben dem Viertel, das noch weitgehend in seiner mittelalterlichen Originalstruktur erhalten ist, seinen Namen gegeben: Castello oder *Su Casteddu*, wie es die Sarden liebevoll nennen. Malerische, verwinkelte Gassen prägen noch heute seinen besonderen, etwas morbiden Charme.

Pierluigi Fais – Ristorante »Josto«

Cagliari

»Josto nel Vicolo« war das erste Restaurant, das der Autodidakt Pierluigi Fais, Jahrgang 1982, mit seinen Schwestern in Oristano eröffnete. Es folgten das »Josto nel Duomo«, ebenfalls in Oristano, und schließlich 2015 der Sprung in die sardische Hauptstadt Cagliari: zuerst mit der Pizzeria »Framento« und 2017 mit dem Ristorante »Josto« – ohne Zusatz diesmal.

Das neue »Josto« wird von einem modernen und minimalistischen Ambiente im postindustriellen Stil geprägt: Die Wände sind aus warmem Beton, Tische und Stühle sind in weichem Orange und Grau gehalten. In einer Ecke steht ein großer Plattenspieler mit einer Unzahl an alten Vinyl-Schallplatten: mit Rock, Blues und Soul im Hintergrund. Der Raum gibt den Blick frei auf die offene Küche, in der der Chef gemeinsam mit seiner rechten Hand Matteo Russo seine Gerichte komponiert.

Pierluigi Fais präsentiert sich mit einem sehr persönlichen Küchenstil, der sich von den Zutaten und Rohstoffen der typischen sardischen Gerichte inspirieren lässt, konzentriert und selbstbewusst, mit Kreativität und Originalität.

Burrida ist ein schmackhaftes sardisches Gericht, gewürzt mit einer aus Fischleber, gehackten Walnüssen und Essig zubereiteten delikaten Sauce. Hier eine Interpretation des Klassikers von Pierluigi Fais.

Quasi burrida – gattuccio, fegato e basilico

Katzenhai, Leber und Basilikum

Für 4 Personen · Zubereitung: 40 Minuten · Ruhezeit: 12 Stunden · Kochzeit: insgesamt 15–20 Minuten
Schwierigkeitsgrad: mittel

150 ml Weißweinessig plus etwas Weißweinessig zum Abschmecken und Marinieren
100 ml Vermentino di Sardegna (oder anderer trockener Weißwein)
500 g Katzenhai, küchenfertig vorbereitet
einige frische Lorbeerblätter
Salz
etwas Olivenöl extra vergine
Leber des Fisches
50 g Walnusskerne, geröstet
30 g frische Basilikumblätter
200 g grüne Bohnen
1 rote Zwiebel
etwas Zucker

1 l Wasser mit dem Weißweinessig und dem Weißwein zum Kochen bringen. Den Fisch mit einigen Lorbeerblättern und etwas Salz 2 Minuten darin kochen und ihn anschließend abkühlen lassen. Den Fisch entgräten, mit etwas Olivenöl und Weißweinessig marinieren und mindestens 12 Stunden im Kühlschrank ruhen lassen.

Die Fischleber in etwas Wasser und Weinessig 2 Minuten kochen und dann mit den gerösteten Walnüssen, dem Basilikum, einem Schuss Olivenöl und etwas Salz cremig mixen.

Die Bohnen putzen, die Zwiebel abziehen und in Streifen schneiden, beides in Wasser mit etwas Weißweinessig und Zucker kochen.

Auf dem Teller Bohnen und Zwiebelstreifen anrichten, den in Stücke geschnittenen Katzenhai darauf platzieren und das Ganze mit der Lebersauce würzen.

Küchenchef Pierluigi Fais lädt zu einem Risotto der besonderen Art: würzig und kräftig mit der *Crema Fiore sardo*, elegant und mediterran mit Salbei- und Wacholderaromen.

Risotto, fiore sardo, salvia e ginepro

Risotto, Fiore sardo, Salbei und Wacholder

Für 4 Personen · Zubereitung: 30–40 Minuten · Kochzeit: insgesamt 25–30 Minuten
Schwierigkeitsgrad: mittel

Für die Crema Fiore sardo
50 g saure Sahne
30 g Fiore sardo (Schafskäse aus Rohmilch)
30 g Parmiggiano (Parmesan)

Für das Risotto
280 g Carnaroli-Reis aus Oristano
Salz
50 ml Vernaccia di Oristano (oder anderer trockener Weißwein)
60 g Butter
etwas Olivenöl extra vergine

Für den Salbeiauszug
10 frische Salbeiblätter
Salz

Für den Wacholderauszug
15 getrocknete Wacholderbeeren

Für die *Crema Fiore sardo* in einer Pfanne die Sahne auf 60 °C erwärmen, dann die geriebenen Käsesorten hinzufügen und alles gut mixen.

Für das Risotto den Reis in einer Pfanne mit etwas Salz anrösten, dann den Weißwein angießen. Sobald dieser verdampft ist, warmes Wasser aufgießen und den Reis 18 Minuten kochen lassen. Nach 15 Minuten 100 g der *Crema Fiore sardo* untermischen. Nach weiteren 2 Minuten die Butter und etwas Olivenöl hinzufügen, gut verrühren und den Reis etwas ruhen lassen.

Für den Salbeiauszug die Salbeiblätter 5–6 Minuten in kochendem Salzwasser garen, dann mit einigen Eiswürfeln mixen und filtrieren.

Die Wacholderbeeren 1 Stunde in 40 ml warmem Wasser einweichen, anschließend das Ganze gut mixen und filtrieren.

Das Risotto in vier tiefen Tellern anrichten, mit dem Salbei- und dem Wacholderauszug würzen und garnieren.

Mercato »San Benedetto«

Alles, was das Herz begehrt

Der Mercato »San Benedetto« in der Via Cocco Ortu ist Cagliaris größte Markthalle. Auf zweimal 4000 Quadratmetern reihen sich knapp 250 Marktstände auf zwei Stockwerken aneinander. Hier findet der Besucher alles, was sein Herz begehrt: alle Arten von Obst und Gemüse, frisch und getrocknet, eingelegt oder fertig zubereitet, Käsesorten aus der ganzen Welt, Bäckerstände mit unzähligen sardischen Brotsorten, Würste und Schinken, Nudeln und Süßigkeiten sowie Metzger, die sich auf bestimmte Tierarten spezialisiert haben. Im Parterre der Markthalle bieten Fischhändler ihre Waren an. Alle Arten von Fischen, Muscheln, Krabben, Langusten und Garnelen liegen ordentlich aufgereiht und eisgekühlt in den Auslagen der einzelnen Stände.

Bottega »Sabores«

Treffpunkt für Einheimische und Gäste

Ein ganz besonderer Feinkostladen mit Ausschank lädt in die Via Lodovico Baylle 6 ein, nur wenige Schritte vom Hafen in Cagliari entfernt. Samuele Muscas und Barbara Argiolas verwöhnen gemeinsam mit ihrem Geschäftspartner Nicola Marungiu in der Bottega »Sabores« seit 2013 ihre Gäste mit ausgewählten Wurstwaren, mit Schinken- und Käsespezialitäten aus ganz Sardinien und darüber hinaus. Auch die Auswahl an Weinen ist nicht zu verachten: An die 20 Weine werden täglich glasweise ausgeschenkt.

Kein Wunder, dass viele Cagliaritani das Angebot nutzen und auf einen Aperitif und einen kleinen Happen vorbeischauen. Es ist immer viel los in dem kleinen Lokal, aber es lohnt sich, auf einen der wenigen freien Plätze zu warten. Samuele und Barbara zaubern verführerische Wurst-, Schinken- und Käseteller sowie kleine Imbisse mit sardischen Spezialitäten auf den Tisch und haben jederzeit eine Top-Empfehlung für ein gutes Glas Wein oder ein sardisches Bier parat. Zudem kann man sich in der Bottega »Sabores« mit besonderen Spezialitäten für unterwegs und zu Hause eindecken.

Winebar »Cucina.eat«

Erlebnis für Gaumen und Augen

Die Römerin Alessandra Meddi hat sich schon vor Jahren in Cagliari verliebt und hat gemeinsam mit Giuseppe Carrus in der Piazza Galileo Galilei 1 ein besonderes Lokal eröffnet: Cucina.eat ist Weinbar, Bistro, Feinkostladen, Bücherei, Ort für Wein- und Kochkurse und vor allem Treffpunkt für Produzenten und Gäste in einem. Für Alessandra ist »die Geschichte von Küche und Wein eine Geschichte in Bewegung durch Erfahrungsaustausch, Miteinander und wechselseitige Einflüsse …«. Ihr Lokal sieht und gestaltet sie deshalb als »Treffpunkt in Bewegung, als gemeinsames Unterwegssein zwischen Gästen und Hausherren«. Das helle, einladend warme Ambiente und der freundlich aufmerksame Service tragen das Ihre dazu bei.

Man kann im »Cucina.eat« auf ein Glas Wein oder ein sardisches Bier vorbeischauen, wenn man schnell noch eine Packung *Malloreddus* oder Tomatensauce braucht, ein besonderes Buch oder ein verloren gegangenes Küchenutensil sucht. Und man kann hier sardische Spezialitäten und von den beiden Köchen Mauro Ladu und Francesco Vitale zubereitete einladende Menüs genießen und einfach die Seele baumeln lassen.

Puntarelle sind Varietäten des Chicorées (Spargelchicorée oder Scheinzichorie). Das Geheimnis ihrer Vielseitigkeit ist ihre zartbittere Note. »Cucina.eat«-Küchenchef Mauro Ladu kombiniert sie in raffinierter Art mit Kürbis und Wirsing.

Vellutata di zucca con verza e puntarelle

Kürbiscreme mit Wirsing und Puntarelle

Für 4 Personen · *Zubereitung: 40 Minuten* · *Kochzeit: 60–80 Minuten* · *Schwierigkeitsgrad: mittel*

Für die Kürbiscreme

2 kg Speisekürbis (z. B. Butternut)
1 Frühlingszwiebel
1 getrocknete Tomate (ohne Öl)
Olivenöl extra vergine
einige frische Lorbeerblätter
Salz

Für den Wirsing

½ Wirsing
Olivenöl extra vergine zum Braten
Salz
frisch gemahlener schwarzer Pfeffer
100 ml Weißweinessig

Für die Puntarelle

1 Bund Puntarelle (Catalogna oder Scheinzichorie)
1 EL Olivenöl extra vergine
Abrieb von ¼ unbehandelten Zitrone
Salz
frisch gemahlener schwarzer Pfeffer

Für die Kürbiscreme den Kürbis schälen, putzen und in kleinere Stücke teilen. Die Frühlingszwiebel putzen, waschen und in Ringe schneiden. Die getrocknete Tomate klein schneiden. In einem Topf etwas Olivenöl erhitzen, Frühlingszwiebel, Tomate und einige Lorbeerblätter darin anschwitzen. Die Kürbisstücke dazugeben und mit Wasser aufgießen. Abgedeckt 1 Stunde bei mittlerer Temperatur kochen. Sobald der Kürbis weich ist, die Lorbeerblätter entfernen, den Rest im Mixer fein pürieren und mit Olivenöl und Salz abschmecken.

Für den Wirsing die Wirsingblätter vom Strunk lösen, waschen und in feine Julienne-Streifen schneiden. In einer Pfanne etwas Olivenöl erhitzen, die Wirsingstreifen hinzufügen und kurz anschwitzen, salzen und pfeffern. Mit dem Weißweinessig ablöschen. Sobald der Essig verdampft ist, Wasser aufgießen und den Wirsing weich kochen.

Für die *Puntarelle* die *Puntarelle* putzen, in feine Julienne-Streifen schneiden und in eine Schüssel mit Wasser und Eiswürfeln geben, damit sie sich nicht kräuseln. Dann durch ein Sieb abgießen und mit Olivenöl, etwas Zitronenabrieb, Salz und Pfeffer und abschmecken.

Die Kürbiscreme in vier tiefen Tellern anrichten, mit den Wirsing- und den *Puntarelle*-Streifen garnieren und mit etwas Olivenöl abschmecken.

Gnocchetti sardi einmal anders: Küchenchef Mauro Ladu serviert sie mit frischen Garnelen, zartbitteren *Puntarelle* und würzigem Pecorino. Einen Hauch von Säure liefert eine dezente Creme von gebratenen Zitronen.

Gnocchetti sardi con gamberi, puntarelle e pecorino

Sardische Gnocchetti mit Garnelen, Puntarelle und Pecorino

Für 4 Personen · Zubereitung: 40 Minuten · Kochzeit: insgesamt 30–40 Minuten
Schwierigkeitsgrad: mittel

Für die sardischen Gnocchetti

20 Garnelen
3 EL Olivenöl extra vergine plus Olivenöl zum Braten
Abrieb von 1 unbehandelten Zitrone
Salz
frisch gemahlener schwarzer Pfeffer
1 Bund Puntarelle (Catalogna oder Scheinzichorie)
1 Sardelle, fein gehackt
2 Knoblauchzehen
320 g sardische Gnocchetti
4 kleinere Stücke frischer Pecorino
etwas Frühlingszwiebelpulver

Für die Creme von gebratenen Zitronen

4 Zitronen
1 EL Sojasauce
3 EL Olivenöl extra vergine
Salz

Die Garnelen putzen, den Kopf entfernen und das Fleisch aus der Schale lösen. Die Garnelenschwänze in einer Mischung aus 2 EL Olivenöl, Zitronenabrieb, Salz und Pfeffer 30 Minuten marinieren. Den Backofen auf 200 °C Ober-/Unterhitze vorheizen. Vier Zitronen darin braten. Sobald sie weich sind, die Zitronen schälen und das Fruchtfleisch mit Sojasauce, Olivenöl, etwas Wasser und Salz mixen, bis eine homogene Emulsion entsteht.

Die *Puntarelle* putzen, in feine Julienne-Streifen schneiden und in eine Schüssel mit Wasser und Eiswürfeln geben. Dann durch ein Sieb abgießen und mit 1 EL Olivenöl und der fein gehackten Sardelle sowie Salz und Pfeffer abschmecken. Die Knoblauchzehen abziehen und klein hacken. Die *Gnocchetti* in kochendem Salzwasser al dente garen und dann in einer Pfanne mit Olivenöl und klein gehacktem Knoblauch gut durchschwenken. Die *Gnocchetti* in vier tiefen Tellern anrichten, mit den *Puntarelle*-Streifen und den marinierten Garnelen, etwas Zitronencreme und einigen kleinen Pecorino-Stücken anrichten und etwas Frühlingszwiebelpulver darüberstreuen.

Ein schmackhaftes, einfach zuzubereitendes Hauptgericht mit dem typischen *Mirto*-Geschmack der sardischen Küche.

Polpette al mirto

Kalbsfrikadellen mit Mirto

Für 4 Personen · *Zubereitung:* 40 Minuten · *Kochzeit:* 20 Minuten · *Schwierigkeitsgrad:* leicht

3 säuerliche Äpfel (z. B. Boskop oder Cox Orange)
etwas frischer wilder Fenchel
600 g faschiertes Kalbfleisch
1 Ei (Größe M)
Abrieb von 1 unbehandelten Zitrone
Salz
frisch gemahlener schwarzer Pfeffer
60 g Butter
200 ml trockener Weißwein
2 Zweige frische Mirto (Myrte)
1 TL Zucker
2 EL Apfelessig

Einen Apfel schälen, entkernen und reiben. Den wilden Fenchel klein hacken.

In einer Schüssel den geriebenen Apfel mit dem Fleisch, dem Ei, dem gehackten wilden Fenchel und mit dem Zitronenabrieb vermischen sowie mit Salz und Pfeffer würzen. Aus der Masse zwölf kleine, runde Bällchen formen und diese leicht flach drücken. Bei geringer Temperatur in etwa 40 g heißer Butter anbraten. Den Weißwein angießen und 10–12 Minuten köcheln lassen.

Die restlichen Äpfel schälen, entkernen und in etwa 1 cm dicke Scheiben schneiden. Diese gemeinsam mit den *Mirto*-Zweigen in der restlichen Butter anbraten, salzen, pfeffern und mit Zucker bestreuen. In der Pfanne langsam karamellisieren, etwas Apfelessig aufgießen, diesen einkochen lassen und die Pfanne vom Herd nehmen.

Die gebratenen *Polpette* auf den Apfelscheiben anrichten, mit dem restlichen Fond übergießen und sofort servieren.

Ein feiner Hauch von Mittelmeer und Orient vereint sich in diesem Gericht von Küchenchef Mauro Landu: Tintenfische und Fenchel in verschiedenen Variationen, Granatapfelsaft und getoastetes Brot mit Zitronengeschmack tragen das Ihre dazu bei.

Totano, finocchio, melograno e pane al limone

Tintenfisch, Fenchel, Granatapfel und Zitronenbrot

Für 4 Personen · Zubereitung: 60 Minuten · Kochzeit: insgesamt 60 Minuten
Schwierigkeitsgrad: mittel

4 mittelgroße Tintenfische (à 150–200 g)
2 Knollen Fenchel
Salz
1 Msp. Xantana (Verdickungs- und Geliermittel)
etwas Olivenöl extra vergine
2 Granatäpfel
altbackenes Brot
Abrieb von ¼ unbehandelten Zitrone
frisch gemahlener schwarzer Pfeffer

Die Tintenfische gründlich putzen, Innereien und Haut entfernen. Die Fenchelknollen putzen, das Fenchelgrün zum Garnieren des Gerichts aufbewahren. Die äußeren Teile zentrifugieren, die Fenchelflüssigkeit leicht salzen und mit einer Messerspitze Xantana etwas verdicken. Das Ganze mixen, bis eine homogene Creme entsteht.

Den restlichen Fenchel in längliche Stücke schneiden und unter Vakuumverschluss 40 Minuten bei 85 °C kochen. Anschließend die Stücke mit etwas Olivenöl in einer Pfanne leicht anbraten.

Die Granatäpfel auspressen und den Saft für das abschließende Garnieren des Gerichts einkochen.

Das Brot im Mixer grob zerkleinern und in einer Pfanne mit etwas Zitronenabrieb toasten.

Die Tintenfische mit Salz und Pfeffer würzen und in etwas Olivenöl braten. Auf einem Teller die Fenchelcreme, die gebratenen Fenchelstücke und den Granatapfelsaft anrichten, die gebratenen Tintenfische darauf platzieren, mit dem getoasteten Zitronenbrot bestreuen, etwas Olivenöl darüberträufeln und mit dem Fenchelgrün garnieren.

Culurgiones ist das klassische Pastagericht der Ogliastra rund um Nuoro. Wie viele andere sardische Gerichte auch war es einst ein Arme-Leute-Gericht, zubereitet aus den vorhandenen Zutaten. Francesca Lecca, gebürtig aus Nuoro, verrät uns im »Cucina.eat« das *Culurgiones*-Rezept ihrer Großmutter.

Culurgiones

Kunstvolle Pasta aus der Ogliastra

Für 4 Personen · Zubereitung: 60 Minuten · Kochzeit: 2–3 Minuten · Schwierigkeitsgrad: mittel

Für den Teig

300 g Hartweizengrieß
etwas Salz

Für die Füllung

400 g mehligkochende Kartoffeln, geschält und gekocht
150 g Pecorino, gerieben
einige frische oder getrocknete Minzblätter (Menta mediterranea), klein gehackt
etwas Olivenöl extra vergine
Salz
frisch gemahlener schwarzer Pfeffer

Außerdem

etwas Hartweizengrieß zum Panieren

Hartweizengrieß und etwas Salz gut mit 150 ml lauwarmem Wasser vermischen und zu einer geschmeidigen Masse verkneten. Den Teig mit der Nudelmaschine oder dem Nudelholz zu möglichst dünnen Blättern austreiben. Daraus 6–8 cm große Kreise ausstechen.

Für die Füllung die Kartoffeln durch eine Kartoffelpresse drücken. Dann gut mit dem Pecorino, den klein gehackten Minzblättern, etwas Olivenöl sowie Salz und Pfeffer vermischen.

Mit einem Löffel kleine Bällchen der Füllung auf die ausgestochenen Teigblätter geben. Die beiden Seiten über der Füllung zusammenklappen und von unten nach oben mit den Fingern zur traditionellen, kunstvollen Form einer Ähre »verzopfen«. Die fertigen *Culurgiones* in etwas Hartweizengrieß wälzen und 2–3 Minuten in kochendem Salzwasser garen.

Mit zerlassener Butter und Minze oder Salbei (ganz klassisch) oder je nach Geschmack mit Tomatensauce und frisch geriebenem Pecorino oder mit in Olivenöl angebräunten Zwiebeln und Knoblauch servieren.

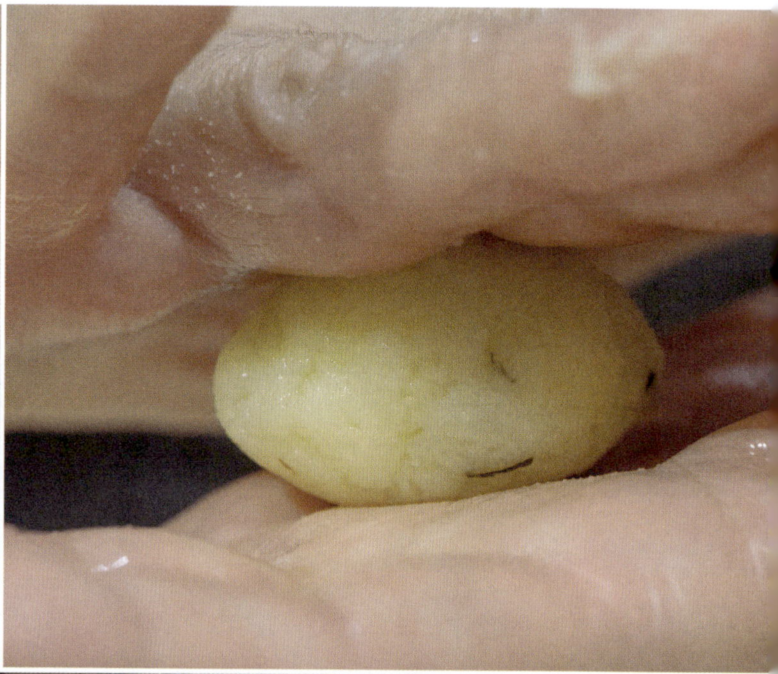

Malloreddus, auch sardische Gnocchi genannt, ist die bekannteste und auf der ganzen Insel verbreitete Pasta Sardiniens.

Malloreddus

Die Pasta Sardiniens

Für 4 Personen · Zubereitung: 90 Minuten · Kochzeit: 14–15 Minuten · Schwierigkeitsgrad: mittel

Basisrezept

250 g Hartweizengrieß

250 g Grieß

1 TL Salz

Hartweizengrieß und Grieß mit 3 l Wasser und Salz zu einem Teig kneten. Das Wasser dabei langsam hinzufügen, bis eine kompakte und feste Masse entsteht.

Aus der Masse ein faustgroßes Stück nehmen und dieses mit den Handballen nach vorn und nach hinten kneten und zu einer etwa 0,5 cm dicken Rolle formen. Diese in 1–2 cm lange Stücke schneiden und dann einzeln über eine Gabel drücken. Auf einem sauberen Tuch ausbreiten und etwas trocknen lassen.

Die so zubereiteten *Malloreddus* können einige Tage im Kühlschrank aufbewahrt oder gleich zubereitet werden. Dafür 14–15 Minuten in kochendem Salzwasser garen.

Lorighittas ist eine traditionelle sardische Pasta aus dem kleinen Ort Morgongiori am Fuße des Monte Arci. Das Wort bedeutet so viel wie »kleine Ringe« *(sa loriga)*. *Lorighittas* wurden ursprünglich von den Frauen im Ort gemeinsam für das Allerheiligenfest zubereitet.

Lorighittas

Traditionelle sardische Pasta aus Morgongiori

Für 4 Personen · Zubereitung: 30 Minuten · Kochzeit: ca. 15 Minuten · Schwierigkeitsgrad: mittel

Basisrezept

300 g Hartweizengrieß
1 TL Salz
etwas Weizenmehl (Type 405) zum Bestauben

Aus Hartweizengrieß, 150 ml Wasser und Salz einen geschmeidigen Nudelteig herstellen und diesen etwa 15 Minuten abgedeckt ruhen lassen. Dann jeweils ein Stück Teig zu einem möglichst dünnen Strang ausrollen und diesen mit etwas Mehl bestauben.

Jeden Strang einzeln über Zeige-, Mittel- und Ringfinger legen, der Anfang ruht dabei auf dem Ringfinger und wird mit dem Daumen fixiert. Den Strang zweimal über die drei Finger führen, sodass zwei Schlaufen entstehen. Den überschüssigen Teig am Ringfinger abknipsen. Die zwei Schlaufen werden mit Daumen und Zeigefinger der anderen Hand leicht angedrückt, sodass die Enden miteinander verschmelzen und dann etwas aufzwirbeln.

Die *Lorighittas* einige Stunden trocknen und dann in kochendem Salzwasser garen, bis die gewünschte Konsistenz erreicht ist.

Francesco Vitale ist im »Cucina.eat« unter anderem auch für das täglich frisch gebackene Brot zuständig. Mit seinem Rezept für ein sardisches Landbrot hat er bereits während seines Praktikums bei Heston Blumenthal im »The Fat Duck« in London gepunktet.

Pane di campagna

Sardisches Landbrot

Für 1 Brot · Zubereitung: 60 Minuten · Ruhezeit: insgesamt 22 Stunden · Backzeit: 60 Minuten
Schwierigkeitsgrad: leicht

800 g Weizenmehl (Type 812) plus etwas Mehl zum Bestauben
200 g sehr feiner Hartweizengrieß
100 g Sauerteig
4 g Salz

Mehl und Grieß mit 550 ml kaltem Wasser grob vermischen und abgedeckt 1 Stunde ruhen lassen. Den Sauerteig untermischen und den Teig in der Teigmischmaschine 5 Minuten langsam kneten. Das restliche Wasser während des Knetvorgangs langsam beimengen. Kurz vor Abschluss salzen.

Den Teig von außen nach innen falten und umdrehen. Diesen Vorgang noch dreimal jeweils im Abstand von 40 Minuten wiederholen. Dieser Vorgang fördert die Festigkeit des Teiges.

Anschließend den Teig teilen und zwei runde Formen bilden. Mit Mehl bestauben und 30 Minuten ruhen lassen. Die Teigstücke in zwei mit Backpapier ausgelegte und mit etwas Mehl bestaubte Formen oder Backkörbchen für die endgültige Form geben. Weitere 20 Minuten bei Zimmertemperatur ruhen lassen und anschließend für 16 Stunden bei 4–6 °C in den Kühlschrank stellen. Nach dieser Zeit den Teig nochmals bei Zimmertemperatur 2 Stunden ruhen lassen.

Den Backofen auf 250 °C Ober-/Unterhitze vorheizen (Achtung: Umluft trocknet das Brot aus!). Den Teig umgedreht auf ein mit Backpapier ausgelegtes Backblech geben. Eine kleine Schüssel mit Wasser in den Ofen stellen. Etwas Wasser auf die Oberfläche der Brotlaibe spritzen und diese dann 18 Minuten im vorgeheizten Ofen backen. Das Wasser aus dem Ofen entfernen und das Brot weitere 40 Minuten backen.

Das Brot auf dem Backgrill – ohne es zu berühren – abkühlen lassen.

CUCINA_eat

Pizzeria »Framento«

Die Pizza aus der Küche

Italien ohne Pizza – nicht auszudenken! Aber Pizza ist nicht gleich Pizza. Das spürt man spätestens, wenn man sich nachts im Bett von der einen Seite auf die andere wälzt und den Teigfladen nicht verdauen kann. Was aber ist das Geheimnis einer guten und gesunden Pizza? Der Teig! Davon ist man nicht nur in der Pizzeria »Framento« in Cagliari überzeugt.

Su frammentu ist auf Sardisch der Sauerteig. Und auf den sowie auf eine lange Gärzeit des Teiges kommt es an – neben dem richtigen Mehl natürlich. Im »Framento« wird der Pizzateig mit Sauerteig angesetzt und hat dann lange Zeit zur Gärung. Die fördert den Geschmack und garantiert eine problemlose und gesunde Verdauung. »Unsere Pizzen werden zwar im Backofen vollendet, ihren Ursprung haben sie aber schon lange vorher in der Küche«. Darauf ist man im »Framento« stolz.

Pizzateig

nach einem Rezept der Pizzeria »Framento«

Für 4 Pizzen · *Zubereitung: 20 Minuten* · *Ruhezeit: 36 Stunden* · *Schwierigkeitsgrad: leicht*

240 g Weizenmehl (Type 00)
240 g Vollkornweizenmehl
60 g Hartweizengrieß
60 g Dinkelmehl
120 g Sauerteig
Salz

Sämtliche Zutaten gut mit 450 ml lauwarmem, leicht gesalzenem Wasser vermischen und zu einem geschmeidigen Teig kneten. Diesen 36 Stunden ruhen lassen, die ersten 20 Stunden im Kühlschrank, die restlichen 16 Stunden bei Zimmertemperatur.

Nuragus und Monica

Zwei Sarden zum Entdecken

Zwei urtypische sardische Weine sind der weiße Nuragus di Cagliari und der rote Monica di Sardegna, beide aus den gleichnamigen Rebsorten gekeltert. Die zwei einladenden, ehrlichen Weine lassen sich gut zu den schmackhaften Gerichten der Sarden trinken.

Nuragus di Cagliari – Die älteste weiße Rebsorte Sardiniens

Aus der antiken und autochthonen Nuragus-Traube wird ein frischer, meist trockener und zitronenduftiger Weißwein erzeugt. Die geschützte Zone DOC Nuragus di Cagliari umfasst Gemeinden in den Provinzen Cagliari, Carbonia-Iglesias, Medio Campidano und Oristano. Seit Ende 1974 ist »Nuragus di Cagliari« eine kontrollierte DOC-Herkunftsbezeichnung *(denominazione di origine controllata)*. Der Name »Nuragus« geht auf die sardischen Ureinwohner zurück, deren Wahrzeichen, die Nuraghen, heute noch auf der ganzen Insel zu bestaunen sind. Der Nuragus di Cagliari muss aus zumindest 85 Prozent der Sorte Nuragus gekeltert werden, der Rest kann aus anderen zugelassenen weißen Sorten bestehen. Neben der trocken oder lieblich ausgebauten Version als Stillwein wird auch ein Frizzante, ein einladend frischer Perlwein, angeboten. Der Wein passt hervorragend zu Vorspeisen auf Fisch- sowie Krustentierbasis, zu Bruschetta, zu Nudelgerichten mit Fisch oder Gemüse und zu weißem Fleisch.

Die regionalen sardischen Rebsorten Nuragus, Nasco und Semidano sind durchaus spannende Weißweine. Sie überzeugen mit ihrem ganz eigenen Charakter und ihrer ursprünglichen Ausdrucksart und sind für jeden Weinfreund einmal etwas völlig anderes.

Monica di Sardegna – Der sardische Rote mit Frucht und Struktur

Der Monica di Sardegna, ein fruchtiger, vollmundiger Rotwein mit viel Gerbstoff, ist in ganz Sardinien verbreitet. Der Wein wird aus der alten autochthonen Sorte Monica Nera (mindestens 85 Prozent) sowie bis zu maximal 15 Prozent anderen zugelassenen Sorten gekeltert. Der Wein wird meist trocken oder in einer etwas lieblicheren Version ausgebaut.

Der Monica di Sardegna zählt heute zu den fünf wichtigsten Rebsorten Sardiniens. Auf die Insel kam die Rebe im 11. Jahrhundert durch den Kamaldulenserorden. Nach anderen Quellen haben die Spanier die Rebsorte hier verbreitet. In einigen Gegenden wird die Sorte heute noch »Monica di Spagna« oder »Uva mora« genannt. Ein guter Monica di Sardegna präsentiert sich mit hellem, klarem Rubinrot, mit intensiv fruchtigen Aromen von Brombeeren und Kirschen, angenehm samtig, voll und würzig mit komplexer Struktur und einem charakteristischen Nachgeschmack. Der Wein passt hervorragend zu Antipasti, hellem Fleisch und Hartkäse.

La vigna del Bovale
NURACADA

Riccardo Porceddu – Osteria »Kobuta«

Cagliari

»*Kobuta*«, das bedeutet auf Japanisch »kleines Schweinchen«. Riccardo Porceddu spielt beim Namen seines Restaurants auf ironische Weise mit seinem eigenen Namen. Porceddu auf Sardisch bedeutet nämlich dasselbe.

Riccardo Porceddu hat erst mit 28 Jahren als Autodidakt mit dem Kochen begonnen. Bei einem längeren Japanaufenthalt hat er sich dann in die japanische Küche verliebt. Aber keine Angst: In der Osteria »Kobuta« werden keine japanischen Gerichte aufgetischt. Chef Riccardo schwört auf die Küchentradition aus dem Montiferru, dem sardischen Hinterland, aus dem er stammt, sowie auf die lokalen Produkte seiner Heimat. Was in seinem Restaurant anders ist, das sind die Küchentechniken aus der japanischen Kochtradition, die es dem jungen Chef (Jahrgang 1979) in seinem 2017 eröffneten kleinen Lokal in der Nähe des Hafens von Cagliari angetan haben.

Sardisch-japanisch inspiriert, so präsentieren sich die Gerichte in der Osteria »Kobuta«: eine Küche mit starker Bindung an das sardische Territorium und mit ebenso starken Einflüssen aus der hohen Schule der japanischen Küchentechnik.

Miesmuscheln ganz klassisch präsentiert Chef Riccardo Porceddu von der Osteria »Kobuta« in Cagliari – mit einer markanten Tomatensuppe und einer dezenten Petersiliencreme serviert.

Zuppetta cozze Kobuta

Miesmuschelsuppe »Kobuta«

Für 4 Personen · Zubereitung: 60 Minuten · Kochzeit: insgesamt 2–2 ½ Stunden
Schwierigkeitsgrad: mittel

2 kg Miesmuscheln
5 Knoblauchzehen
1 ½ Bund frische Petersilie
200 g weiße Zwiebeln
Olivenöl extra vergine
200 ml Nuragus di Cagliari (oder anderer trockener Weißwein)
Salz
1 kg geschälte Tomaten (aus der Dose)
200 g altbackenes Weißbrot

Die Miesmuscheln sauber putzen: Unter fließendem Wasser von eventuell anhaftenden Kalkresten befreien und noch vorhandene Barthaare herausziehen; beschädigte oder geöffnete Muscheln dabei entfernen. Die Knoblauchzehen abziehen und andrücken. Die Petersilie waschen und trocken schütteln. Die Zwiebeln abziehen und grob hacken.

In einer großen Pfanne Olivenöl erhitzen, zwei angedrückte Knoblauchzehen darin goldbraun anschwitzen. Den Weißwein angießen, einige Petersilienstängel und die Miesmuscheln dazugeben. Abdecken und etwa 4 Minuten kochen, bis sich die Muscheln öffnen. Die Schalen entfernen, das Muschelwasser filtrieren und auffangen.

Ein Bund Petersilie in kochendem Wasser 20 Sekunden blanchieren, herausnehmen und sofort in etwas Eiswasser abkühlen. Mit 100 ml kaltem Wasser und einigen Eiswürfeln zu einer feinen Creme mixen, salzen und mit 50 ml Olivenöl abschmecken. Im Kühlschrank hält die Creme 1 Woche.

Die grob gehackten Zwiebeln und die restlichen Knoblauchzehen in heißem Olivenöl anschwitzen, die geschälten Tomaten und das Muschelwasser hinzugeben und 2 Stunden bei geringer Temperatur unter mehrmaligem Umrühren köcheln lassen. Das Ganze dann mixen, salzen und durch ein feines Sieb passieren.

Den Backofen auf 160 °C Ober-/Unterhitze vorheizen. Das altbackene Weißbrot in Scheiben schneiden, mit etwas Olivenöl und Salz würzen und im vorgeheizten Ofen goldbraun rösten. Die Tomatensuppe erhitzen und auf vier Teller verteilen. Die Miesmuscheln hinzufügen und mit den getoasteten Brotscheiben sowie etwas Petersiliencreme servieren.

Ein altes Rezept von Großmutter Pinuccia hat Riccardo Porceddu zu diesem neu interpretierten Gericht inspiriert: *Baccalà* auf süßsaurer Tomatencreme mit marinierten Zwiebeln und Kapernpulver.

Il baccalà scabecciu di nonna Pinuccia

Der frittierte Baccalà von Nonna Pinuccia

Für 4 Personen · Zubereitung: 60 Minuten · Ruhezeit: 12 Stunden · Kochzeit: insgesamt 2–2 ½ Stunden
Schwierigkeitsgrad: mittel

3 Knoblauchzehen
6 mittelgroße rote Zwiebeln
Olivenöl extra vergine zum Braten plus 2 EL zum Abschmecken
800 g geschälte Tomaten (aus der Dose)
50 ml Weißweinessig
50 g Zucker
4 frische Lorbeerblätter
Salz
200 g Kapern in Salz
frisch gemahlener schwarzer Pfeffer
800 g entsalzener Baccalà (Stockfisch oder frischer Kabeljau)
300 g feiner Grieß
100 g Maisstärke
Raps- oder Sonnenblumenöl zum Frittieren

Die Knoblauchzehen abziehen und andrücken. Zwei Zwiebeln abziehen und klein hacken. In einem Topf Olivenöl erhitzen, Knoblauch und klein gehackte Zwiebeln darin goldbraun anschwitzen. Geschälte Tomaten, Weißweinessig, Zucker, Lorbeerblätter und etwas Salz dazugeben und alles 2 Stunden bei geringer Temperatur unter mehrmaligem Umrühren köcheln lassen. Die Lorbeerblätter entfernen und das Ganze mixen, salzen und durch ein feines Sieb passieren. Im Kühlschrank hält die Sauce bis zu 2 Wochen. Die Kapern unter fließendem kaltem Wasser abbrausen und 12 Stunden in Wasser einweichen. Den Backofen auf 100 °C Umluft vorheizen. Die Kapern durch ein Sieb abgießen, auf einem mit Backpapier ausgelegten Backblech verteilen und im vorgeheizten Ofen 30–45 Minuten trocknen. Abkühlen lassen und im Mixer zu einem Pulver zerkleinern. Die Temperatur des Backofens auf 160 °C Ober-/Unterhitze erhöhen. Die restlichen Zwiebeln samt Schale auf einem mit Backpapier ausgelegten Backblech verteilen und im vorgeheizten Ofen etwa 30 Minuten braten. Herausnehmen, abkühlen lassen, abziehen und in Stücke schneiden. Mit 2 EL Olivenöl, Salz und Pfeffer würzen.

Den *Baccalà* in 1 cm dicke und 5 cm lange Stücke schneiden, gut in Grieß und Maisstärke wälzen und in 190 °C heißem Raps- oder Sonnenblumenöl goldbraun frittieren. Herausnehmen, auf Küchenpapier abtropfen lassen und salzen. Die süßsaure Tomatensauce leicht erwärmen und auf die Teller verteilen. Darauf den frittierten *Baccalà* anrichten und mit den Zwiebelstücken und dem Kapernpulver garnieren.

Sardische *Fregula* und japanisches *Yuzukoshō*, eine Gewürzpaste aus *Yuzu* (eine Zitrusfrucht), Salz und Chilipfeffer, treffen sich in diesem Gericht von Riccardo Porceddu zu einer spannenden kulinarischen Reise.

Sardegna Giappone andata e ritorno: fregula al pomodoro con yuzukoshō e sardine bruciate

Sardinien – Japan hin und retour: Fregula mit Tomaten, Yuzukoshō und verbrannten Sardinen

Für 4 Personen · Zubereitung: 60–80 Minuten · Ruhezeit: 12 Stunden · Kochzeit: insgesamt 2 ½ Stunden · Schwierigkeitsgrad: mittel

Für das Yuzukoshō

5 unbehandelte Mandarinen
1 unbehandelte Zitrone
1 unbehandelte Limette
300 g grüne, leicht scharfe Peperoncini (Chilischoten)
30 g Salz
50 ml Sonnenblumenöl

Für die Sardinen

600 g Sardinen
2 weiße Zwiebeln
4 Knoblauchzehen
1 Stange Sellerie
1 Karotte
Salz
frisch gemahlener schwarzer Pfeffer
Olivenöl extra vergine zum Braten plus etwas Olivenöl zum Beträufeln
800 g geschälte Tomaten (aus der Dose)
2 frische Lorbeerblätter
400 g Fregula

Für das *Yuzukoshō* die Zitrusfrüchte waschen, trocken tupfen und mit einem Kartoffelschäler schälen. Die *Peperoncini* putzen, entkernen, waschen und in Stücke schneiden. In einem Mixer Zitrusfrüchte, *Peperoncini* und Salz zu einer feinen, homogenen Creme mixen und das Sonnenblumenöl unterrühren. Im Kühlschrank 1 Woche ziehen lassen. In ein Glas gefüllt, hält das *Yuzukoshō* im Kühlschrank bis zu 6 Monate.

Für die Sardinen die Fische putzen, Kopf und Gräten entfernen. Köpfe und Gräten unter fließendem kaltem Wasser gut waschen, Blut und Innereien entfernen. Die Zwiebeln abziehen, eine Zwiebel halbieren, die andere grob hacken. Die Knoblauchzehen abziehen und andrücken. Den Sellerie putzen, entfädeln und in grobe Stücke schneiden. Die Karotte schälen und ebenfalls in grobe Stücke schneiden.

Sardinenköpfe und -gräten mit der halbierten Zwiebel und einer angedrückten Knoblauchzehe, dem Sellerie und der Karotte in 1,5 l Wasser 1 Stunde bei geringer Temperatur köcheln lassen. Dann die Brühe filtrieren und beiseitestellen. Die geputzten Sardinen in 3 cm große Stücke

schneiden und mit einem Küchenbrenner anbrennen oder in einer beschichteten Pfanne auf beiden Seiten kurz anbraten. Leicht salzen und mit frisch gemahlenem Pfeffer bestreuen. Die grob gehackte Zwiebel mit den restlichen Knoblauchzehen in heißem Olivenöl anschwitzen. Tomaten, Lorbeerblätter und die Hälfte der Fischbrühe hinzufügen und 2 Stunden bei geringer Temperatur unter mehrmaligem Umrühren köcheln lassen. Die Lorbeerblätter entfernen, das Ganze mixen, salzen und durch ein feines Sieb passieren.

Die *Fregula* in einer Pfanne ohne Olivenöl toasten, dann langsam die restliche heiße Fischbrühe einrühren und 10–15 Minuten kochen. Bei Bedarf etwas Wasser angießen. Nach zwei Dritteln der Kochzeit die Tomatensauce untermischen. Vorsichtig und langsam etwas *Yuzukoshō* untermischen (ist sehr salzig und pikant).

Die *Fregula* auf vier Tellern anrichten, mit den Sardinen, etwas Olivenöl und frisch gemahlenem schwarzem Pfeffer garnieren.

Riccardo Porceddu lässt sein »Namenstier« drei Stunden zu einem zarten, schmackhaften Braten schmoren. Das krokant glasierte Gemüse bildet dazu einen spannenden Kontrast.

Arrosto di maiale in lunga cottura, ortaggi glassati e senape

Schweinsbraten mit glasiertem Gemüse und Senf

Für 4 Personen · Zubereitung: 60 Minuten · Kochzeit: insgesamt 3 ½ Stunden
Schwierigkeitsgrad: mittel

4 kleine festkochende violette Kartoffeln (oder Frühkartoffeln)
einige Senfkörner
frisch gemahlener schwarzer Pfeffer
4 kleine Karotten (oder Rote Bete)
4 Radieschen (oder kleine weiße Rüben)
2 weiße Zwiebeln
3 Knoblauchzehen
1 kg Schweinsschopf
Olivenöl extra vergine zum Braten
350 ml Carignano di Sardegna (oder anderer trockener Rotwein)
50 ml Sojasauce
etwas Honig
Salz
etwas mittelscharfer Senf zum Garnieren

Die Kartoffeln mit der Schale in kochendem Salzwasser garen. Dann abkühlen lassen und der Länge nach vierteln. Die Karotten waschen, etwas Stielansatz dranlassen, kochen und dann der Länge nach halbieren. Die Radieschen ebenfalls halbieren. Die Zwiebeln abziehen und klein hacken. Die Knoblauchzehen abziehen und andrücken.

Den Backofen auf 120 °C Ober-/Unterhitze vorheizen.

Für den Braten das Fleisch in Stücke schneiden und mit einem Küchenfaden zu einem runden, kompakten Braten mit maximal 10 cm Durchmesser schnüren. In einer Pfanne Olivenöl erhitzen, das Fleisch darin scharf anbraten. Dann Zwiebeln und Knoblauch hinzufügen und mitrösten. Mit dem Wein und der Sojasauce ablöschen und dann Wasser auffüllen, bis das Fleisch bedeckt ist.

Das Fleisch im vorgeheizten Backofen 3 Stunden schmoren. Anschließend die Sauce vorsichtig abgießen, das Fleisch abkühlen lassen und den Faden entfernen. Die Flüssigkeit mixen und zu einer cremigen Sauce einkochen. Die Temperatur des Backofens auf 80 °C Ober-/Unterhitze reduzieren.

In einer Pfanne etwas Olivenöl erhitzen, das Gemüse darin scharf anbraten, dann mit etwas Honig glasieren, salzen und mit frisch gemahlenem Pfeffer sowie Senfkörnern würzen. Das Fleisch in 5 cm hohe Zylinder schneiden und im Ofen 15–20 Minuten erwärmen. Die Sauce ebenfalls erhitzen. Fleisch und Gemüse auf Tellern anrichten und mit der Sauce und etwas Senf garnieren.

Mediterran und exotisch zugleich präsentiert sich dieses einmalige Dessert von Küchenchef Riccardo Porceddu von der Osteria »Kobuta« in Cagliari: eine geschmackliche Verführung der besonderen Art.

Bavarese al tè matcha, lingua di gatto al sale nero e coulis di melagrana

Bayerische Creme aus Matcha-Tee, Katzenzungen mit schwarzem Salz und Granatapfel-Coulis

Für 4 Personen · Zubereitung: 1 ½–2 Stunden · Ruhezeit: mindestens 5–6 Stunden
Kochzeit: insgesamt 30 Minuten · Schwierigkeitsgrad: aufwendig

Für die Bayerische Creme
7 Blatt Gelatine
4 g Matcha-Tee
270 g süße Sahne
2 Eigelb (Größe M)
65 g Zucker

Für die Lingue di gatto (Savoiardi oder Katzenzungen)
100 g Eiweiß (Größe M)
80 g Zucker
120 g weiche Butter
100 g Weizenmehl (Type 405)
schwarzes Salz

Für die Granatapfel-Coulis
300 g Granatapfelkerne (oder nach Saison eine andere säuerliche Frucht)
3 g Agar-Agar
etwas frisch gepresster Zitronensaft

Für die Bayerische Creme die Gelatine in kaltem Wasser einweichen, dann ausdrücken. Den Matcha-Tee in etwas Wasser auflösen und langsam 100 g Sahne mit einem Schneebesen unterrühren. Eigelb, Zucker und Gelatine hinzufügen und bei geringer Temperatur in einer kleinen Pfanne auf 80 °C erwärmen. Die Temperatur mit einem Küchenthermometer kontrollieren. Dann die Creme auf 30 °C abkühlen lassen. Die restliche Sahne steif schlagen und unterheben. Die Creme in Silikonformen füllen und in den Kühlschrank stellen. Nach 3 Stunden in den Tiefkühler geben. Sobald die Creme gefroren ist, die Silikonformen entfernen. 3–4 Stunden vor dem Servieren aus dem Tiefkühler nehmen und in den Kühlschrank stellen.

Für die *Lingue di gatto* den Backofen auf 130 °C Ober-/Unterhitze vorheizen. Mit einem Schneebesen das Eiweiß und den Zucker schlagen und die weiche Butter einarbeiten. Das Mehl sieben, hinzufügen und die Masse sehr sanft rühren, bis ein glatter, homogener Teig entsteht. Den Teig auf einem mit Backpapier ausgelegten Backblech sehr dünn ausrollen, mit etwas schwarzem Salz bestreuen und im vorgeheizten Ofen 6–8 Minu-

ten backen. Die Temperatur des Backofens auf 160 °C Ober-/Unterhitze erhöhen. Mit einem Ausstecher die gewünschte Form ausstechen und anschließend nochmals einige Minuten backen. Abkühlen lassen und in einer Keksschachtel aufbewahren. Für die Granatapfel-Coulis die Granatapfelkerne im Mixer bei niedriger Geschwindigkeit einige Sekunden mixen und dann die Flüssigkeit durch ein Sieb abgießen, den Saft dabei auffangen und die Masse gut ausdrücken. Das Agar-Agar in 50 ml Wasser auflösen, dem Granatapfelsaft beifügen und in einer Pfanne aufkochen. Dann im Kühlschrank abkühlen lassen. Sobald der Saft zu einem festen Gelee erstarrt, nochmals cremig mixen. Sollte die Frucht zu süß sein, kann etwas Zitronensaft für eine leicht säuerliche Geschmacksnote hinzugefügt werden. Die Granatapfelcreme in einen Spritzbeutel füllen, auf flachen Tellern eine gerade Linie ziehen und einige Farbtupfer auftragen. Auf der Linie die *Lingue di gatto* platzieren und darauf die Bavarese-Formen anrichten. Das Dessert mit etwas schwarzem Salz bestreuen.

Bier in Sardinien

Italiens Biertrinker-Region Nummer eins

Wer glaubt, dass in Sardinien nur Wein getrunken wird, liegt falsch. Im Gegenteil: Sardinien ist mit dem höchsten Bierkonsum pro Kopf und Nase Italiens Biertrinker-Region Nummer eins. Das sardische Bier par excellence ist seit 1912 *Birra Ichnusa* – auch wenn die Brauerei mittlerweile in multinationalen Händen ist. Die braune Flasche mit der rotweißen Flagge Sardiniens und den vier Mohrenköpfen ist in jedem Supermarkt zu finden. Das frische Lagerbier wird aus Wasser, Hopfen, Gerste, Mais und Hefe gebraut. In den vergangenen Jahren aber sind – wohl auch im Zuge der Craft-Beer-Mode – über die ganze Insel verstreut kleine Bierbrauereien wie Pilze aus dem Boden geschossen: etwa »Brewing« in Sassari, »La Volpe e il Luppolo« in Simaxis im Oristano, »Birra Lara« in Tertenia in der Ogliastra, »Birrificio4mori« in Montevecchio, »Brewbay« und »Birrificio Cagliari«, um nur einige zu nennen.

Eine kreative Brauerei für aufgeschlossene Biertrinker haben auch Nicola Perra und Isidoro Mascia 2006 in Maracalagonis nördlich von Cagliari gegründet: das »Birrificio Barley«. Die Mikrobrauerei braut auf höchstem Niveau ungefiltertes, nicht pasteurisiertes Craft-Bier, das eine zweite Gärung auf der Flasche macht. Bereits 2009 ist das BB10 von Barley als bestes Spezialbier Italiens ausgezeichnet worden, Nicola Perra wurde zum Brauer des Jahres gewählt. Die Idee Nicolas, den Traubensaft sardischer Rebsorten zur Bereitung seiner exklusiven Biere zu verwenden, hat mit dazu beigetragen, dass Barley mittlerweile Kultstatus in der gehobenen Gastronomie Sardiniens erreicht hat.

Luigi Pomata – Cagliari

Der Chef des Tonno rosso

Den kulinarischen Grundstein hatte Großvater Luigi in Carloforte mit seiner Liebe zum Kochen gelegt. Vater Nicolo schuf mit seinem Ristorante »Da Nicolo« an der Hafenpromenade von Carloforte die Basis für die gastronomische Erfolgsgeschichte der Familie. Sohn Luigi wagte schließlich vor einem Jahrzehnt den Sprung nach Cagliari und eröffnete hier sein eigenes Restaurant »Luigi Pomata«.

»Modernes Restaurant mit Rundumservice und maritimer Küche. Deren Glanzstück ist der Thunfisch nach Art von Carloforte, der Heimat des Inhabers und Küchenchefs. Attraktives Business-Lunch-Angebot zu Mittag. Daneben gibt es eine Sushibar und ein Bistro, in dem etwas rustikalere regionale und traditionelle Gerichte serviert werden.« Der Michelin-Restaurant-Guide bringt es auf den Punkt. Die Familie Pomata hat in der sardischen Küchentradition den Thunfisch in all seiner Vielfalt neu interpretiert und Luigi Pomata ist zum absoluten König und Chef des *Tonno rosso* aufgestiegen. »In meinen Gerichten stecken mein Leben, meine Gefühle und der Geruch der Insel, auf der ich geboren und aufgewachsen bin«, so Luigi Pomata. Sein Ziel ist, »die herrlichen Produkte Sardiniens aufzuwerten, die Gerichte unserer Tradition neu zu interpretieren und diese in zeitgemäßer Form auf die Tische unserer Tage zu bringen«.

Ein kleines Kunstwerk! Luigi Pomata überrascht mit einem vorgetäuschten Mozzarella mit dem Geschmack des Meeres auf einem Carpaccio von der *Ventresca,* einem der edelsten Stücke des *Tonno rosso.*

Caprese di mare su carpaccio di ventresca di tonno marinata

Caprese di mare auf Carpaccio von mariniertem Bauchfleisch vom Thunfisch

Für 4 Personen · Zubereitung: 2 Stunden · Ruhezeit: insgesamt 8 Stunden
Kochzeit: insgesamt 30 Minuten · Schwierigkeitsgrad: schwierig

Für den Schaum und den vorgetäuschten Mozzarella
250 g Büffelmozzarella
130 ml Miesmuschel-Wasser
130 g saure Sahne
1,5 g Xantana (Verdickungs- und Geliermittel)

Für das Thunfisch-Bauchfleisch
200 ml Sojaöl
Abrieb von 1 unbehandelten Zitrone
Peperoncino (Chiliflocken)
1 EL Olivenöl extra vergine
frisch gemahlener schwarzer Pfeffer
240 g Bauchfleisch vom Thunfisch

Für die Tomatensauce
300 g Datteltomaten
2 EL Olivenöl extra vergine
Salz
frisch gemahlener schwarzer Pfeffer
einige frische Basilikumblätter

Für die Basilikumcreme
1 Bund frisches Basilikum
1 EL Olivenöl extra vergine
Salz
1 Eiswürfel

Für den vorgetäuschten Mozzarella und den Schaum den Büffelmozzarella in Stücke schneiden und mit dem Miesmuschel-Wasser in einer Pfanne auf 68 °C erwärmen. Das Wasser abgießen, dabei auffangen und die Mozzarella-Masse gut ausdrücken. Die Masse in vier Stücke schneiden und jedes Stück einzeln in Frischhaltefolie wickeln. Mindestens 1 Stunde im Kühlschrank ruhen lassen.

Das Mozzarella-Wasser filtrieren und 250 ml davon mit dem Miesmuschel-Wasser und der Sahne mischen und mixen. Xantana hinzufügen und alles durch ein Sieb streichen. In einen Sahnesiphon füllen und im Kühlschrank mindestens 2 Stunden ruhen lassen.

Für das Thunfisch-Bauchfleisch das Sojaöl mit 200 ml Wasser, Zitronenabrieb, *Peperoncino,* Olivenöl und einer Prise Pfeffer in einem Behälter vermischen. Das Thunfisch-Bauchfleisch darin 5 Stunden marinieren. Dann das Thunfischfleisch herausnehmen und in ein Küchenpapier einwickeln.

Für die Tomatensauce die Tomaten blanchieren und schälen. Die geschälten Tomaten mit etwas Olivenöl, Salz, Pfeffer und einigen Basilikumblättern vakuumiert verpacken und mindestens

8 Stunden im Kühlschrank ruhen lassen. Dann den ganzen Inhalt mixen und durch ein Sieb streichen.

Für die Basilikumcreme das Basilikum waschen, trocken schütteln und die Blätter abzupfen. Die Basilikumblätter mit etwas Olivenöl, Salz und einem Eiswürfel mixen und dann ebenfalls durch ein Sieb streichen. Die Mozzarella-Stücke in der Mikrowelle einige Sekunden erwärmen und der Reihe nach jedes Stück zu einem leeren Luftballon formen. Die »Luftballone« mit dem Sahnesiphon »aufblasen« und mit Mozzarella-Schaum füllen, bis sie die Form einer Mozzarella-Kugel erreichen. Das Thunfisch-Bauchfleisch in dünne Scheiben schneiden und auf vier Tellern anrichten. Den vorgetäuschten Mozzarella darauf platzieren und mit der Tomatensauce und der Basilikumcreme servieren.

Ein raffiniertes Gericht von Luigi Pomata mit einem Hauch von Räucheraromen und – natürlich – mit Thunfisch, diesmal in dehydrierter Form.

Ravioli ripieni di melanzana affumicata, brodo di tonno disidratato e zucchine

Mit geräucherten Auberginen gefüllte Ravioli, Brühe vom dehydrierten Thunfisch und Zucchini

Für 4 Personen · Zubereitung: 60 Minuten · Ruhezeit: 6 Stunden · Kochzeit: insgesamt 30–40 Minuten
Schwierigkeitsgrad: mittel

Für den Teig
300 g feines Grießmehl
9 Eigelb (Größe M)
1 EL Olivenöl extra vergine
Salz

Für die Füllung
3 Auberginen (à 250 g)
1 Stängel frischer Majoran, Blättchen abgezupft
50 g reifer Pecorino, gerieben
2 EL Olivenöl extra vergine
Salz
frisch gemahlener schwarzer Pfeffer

Für die Brühe
30 g dehydrierter Thunfisch (katsuobushi)
Salz

Außerdem
2 kleine Zucchini
Räuchergerät

Den Backofen auf 180 °C Ober-/Unterhitze vorheizen. Das Grießmehl mit dem Eigelb, dem Olivenöl und etwas Salz zu einem geschmeidigen Teig verkneten. Den Teig 6 Stunden im Kühlschrank ruhen lassen. Die Auberginen im Ganzen im vorgeheizten Backofen garen, dann schälen, die eigene Flüssigkeit ablaufen und die Auberginen abkühlen lassen. Sobald die Auberginen abgekühlt sind, diese im Räuchergerät räuchern, dann klein schneiden und mit Majoranblättchen, geriebenem Pecorino, Olivenöl, etwas Salz und Pfeffer zu einer kompakten Füllung vermischen. Den Teig aus dem Kühlschrank nehmen, dünn ausrollen, runde Kreise ausstechen, diese mit der Füllung füllen und gut verschließen.

Für die Brühe in einer Pfanne 100 ml Wasser aufkochen, die Pfanne zur Seite stellen und den trockenen Thunfisch dazugeben, 30 Minuten ziehen lassen und dann durch ein Sieb abgießen. Etwas salzen. Die Zucchini klein würfeln und in etwas Salzwasser kurz kochen.

Die Auberginen-Ravioli in kochendem Salzwasser garen, in tiefen Tellern anrichten, einige Zucchiniwürfel hinzufügen und mit der heißen Brühe aufgießen.

Kartoffeln und *Burrata*-Frischkäse, Algen, Venusmuscheln und *Bottarga* harmonisch vereint auf einem Gnocchi-Teller von Chef Luigi Pomata. Die *Bottarga* kommt in diesem Fall selbstverständlich vom Thunfisch.

Gnocchi di patate e alghe su crema di burrata, vongole, bottarga e limone

Kartoffel-Algen-Nocken auf Burrata-Creme, Venusmuscheln, Bottarga und Zitrone

Für 4 Personen · Zubereitung: 60 Minuten · Ruhezeit: 2 Stunden · Kochzeit: insgesamt 40–50 Minuten
Schwierigkeitsgrad: mittel

500 g mittelgroße vorwiegend festkochende Kartoffeln
Salz
70 g Stärkemehl
2 Eigelb (Größe M)
8 Algenblätter (Alga nori), im Mixer zerkleinert
frisch gemahlener schwarzer Pfeffer
1 Burrata
200 g Venusmuscheln
100 ml Olivenöl extra vergine plus
Olivenöl zum Sautieren
Abrieb von 1 unbehandelten Limette
40 g Thunfisch-Bottarga (Rogen vom Thunfisch)
einige frische Minzeblätter

Die ungeschälten Kartoffeln in kochendem Salzwasser weich garen, pellen und durch die Kartoffelpresse drücken. Das Stärkemehl, die 2 Eigelb und die zerkleinerten Algenblätter untermischen, salzen und pfeffern. Den Teig in Alufolie wickeln und 2 Stunden im Kühlschrank ruhen lassen. Dann aus dem Teig kleine Gnocchi formen.

Die *Burrata* in einem Mixer zerkleinern, bis eine cremige Masse entsteht. Die Venusmuscheln putzen, waschen und im Olivenöl kochen, bis sie sich öffnen. Abgedeckt 5 Minuten ziehen lassen. Sobald sie etwas abgekühlt sind, die Muscheln von der Schale lösen und die Flüssigkeit filtrieren.

Die Gnocchi in ausreichend kochendem Salzwasser garen, durch ein Sieb abgießen und einige Minuten in einer Pfanne mit etwas Olivenöl und dem filtrierten Wasser der Venusmuscheln sautieren.

In der Mitte der Teller die Gnocchi platzieren und die Venusmuscheln und die *Burrata*-Creme rundherum hinzufügen. Etwas Limettenabrieb darüberstreuen und mit dünn gehobelten *Bottarga*-Streifen und einigen Minzeblättern garnieren.

Bei Tournedos handelt es sich um besonders edle Fleischstücke vom Rind. Beim *Rossini* werden die Filets zudem mit einer großzügigen Scheibe gebratener Gänsestopfleber belegt. Luigi Pomata verwendet für sein *Rossini* das edelste Stück vom Thunfisch.

Il mio rossini di tonno – filetto di tonno rosso scottato in padella con scaloppa di foie gras di pescatrice, salsa d'arrosto, tartufo e sfogliatina di patate

Mein Rossini vom Thunfisch – Thunfischfilet mit Fisch-»Foie gras«, Trüffeln und Kartoffelscheiben

Für 4 Personen · Zubereitung: 2 Stunden · Ruhezeit: insgesamt 5 Stunden
Kochzeit: insgesamt 60–80 Minuten · Schwierigkeitsgrad: schwierig

Für das Thunfischfilet

600 g Thunfischfilet
Salz
frisch gemahlener schwarzer Pfeffer

Für die Fischleber-»Foie gras«

500 g Fischleber
20 ml Brandy
100 ml Nasco Passito (Trockenbeerenauslese)
10 g Salz
frisch gemahlener schwarzer Pfeffer

Für die Kartoffeln

200 g vorwiegend festkochende Kartoffeln
30 g Butter
300 g saure Sahne
Salz
frisch gemahlener schwarzer Pfeffer

Für die Bratensauce

Olivenöl extra vergine zum Braten
1 kg Rinderknochen
1 Stange Sellerie, geputzt und klein geschnitten
1 Karotte, geschält und klein geschnitten
1 weiße Zwiebel, abgezogen und klein geschnitten
50 g Butter
40 g schwarze Trüffeln
Salz
frisch gemahlener schwarzer Pfeffer

Außerdem

Fleur de Sel

Das Thunfischfilet putzen und 5 Minuten in Wasser mit Eiswürfeln legen, dann trocken tupfen und 30 Minuten in ein Papiertuch einschlagen. Das Papier entfernen, dann den Thunfisch nochmals trocken tupfen, vier Filets daraus schneiden, salzen und pfeffern.

Für die Fischleber-»Foie gras« die Leber putzen und mit Brandy, Nasco Passito, Salz und Pfeffer 5 Stunden marinieren. Dann die Leber in Folie wickeln und in eine runde Form pressen. Diese 20 Minuten lang bei 65 °C im Wasserdampf kochen und anschließend abkühlen lassen.

Für die Kartoffeln den Backofen auf 180 °C Ober-/Unterhitze vorheizen. Die Kartoffeln schälen, mit der Mandoline lamellenförmig schneiden und 10 Minuten unter fließendem Wasser lassen, anschließend trocknen. Etwas Butter in einer Pfanne klären und die Kartoffeln darin goldgelb anbraten, die restliche Butter und die Sahne unterrühren, salzen und pfeffern. Das Ganze in eine Auflaufform geben und im vorgeheizten Backofen 16–20 Minuten backen. Anschließend abkühlen lassen und in längliche Stücke schneiden.

Für die Bratensauce in einer Pfanne etwas Olivenöl erhitzen und die Rinderknochen darin 15 Minuten anbraten. Das fein geschnittene Gemüse hinzufügen und weitere 5 Minuten braten. 250 ml kaltes Wasser aufgießen und bei mittlerer Temperatur 30 Minuten kochen. Die Flüssigkeit filtrieren und auf die Hälfte einkochen. Etwas Butter einrühren sowie die Hälfte der fein gehobelten Trüffeln hinzufügen, nach Bedarf salzen und pfeffern.

In einer sehr heißen Pfanne die Thunfischfilets kurz und scharf von beiden Seiten anbraten und dann warm stellen. Die Fischleber-»Foie gras« in dicke Scheiben schneiden. Auf vier Tellern das Thunfischfilet, die Leberterrine und die Kartoffelscheiben anrichten und mit der Bratensauce, gehobelter Trüffel, etwas Olivenöl und Fleur de Sel abschmecken.

Ohne Thunfisch geht bei *Tonno-rosso*-Chef Luigi Pomata gar nichts: Hier sein Rezept für ein mit Semmelbröseln und Rohschinken paniertes Ventresca-Stück vom Thunfisch – mit etwas Wasabi-Würze und delikatem Mangold.

Ventresca di tonno in crosta di pane e prosciutto con bietole in due consistenze: ripassate e in crema all'wasabi

Thunfisch-Bauchfleisch in Brot-Schinken-Kruste mit Mangold in zwei Formen: gedünstet und als Wasabi-Creme

Für 4 Personen · Zubereitung: 60 Minuten · Kochzeit: insgesamt 60 Minuten

Schwierigkeitsgrad: mittel

700 g Bauchfleisch vom Thunfisch
150 g roher Schinken
100 g Semmelbrösel
Abrieb von 1 unbehandelten Zitrone
frisch gemahlener schwarzer Pfeffer
1 kg Mangold
Salz
2 EL Olivenöl extra vergine plus Olivenöl zum Braten
2 g Wasabi in Pulverform

Den Backofen auf 60 °C Ober-/Unterhitze vorheizen. Das Thunfisch-Bauchfleisch putzen, von Fasern befreien und in vier Portionen teilen. Den rohen Schinken auf ein mit Backpapier ausgelegtes Backblech legen und im vorgeheizten Ofen trocknen. Dann klein hacken oder im Mixer zerkleinern.

Die Temperatur des Backofens auf 180 °C Ober-/Unterhitze erhöhen. Für die Paniermasse Semmelbrösel, gehackten rohen Schinken, etwas Zitronenabrieb und frisch gemahlenen Pfeffer gut vermischen. Die Thunfischstücke darin panieren.

Den Mangold waschen und einige Minuten in kochendem Salzwasser blanchieren, dann sofort unter kaltem Wasser abkühlen. Die Stiele entfernen und mit einigen Blättern mixen, Olivenöl und Wasabipulver untermischen, bis eine grüne und cremige Sauce entsteht.

In einer Eisenpfanne das restliche Olivenöl erhitzen, die Thunfischstücke darin auf beiden Seiten goldbraun anbraten und dann 5 Minuten in den vorgeheizten Ofen geben. Herausnehmen, die Thunfischstücke halbieren und an einem warmen Ort etwas ruhen lassen. Die Mangoldblätter in heißem Olivenöl mit etwas Salz kurz dünsten und auf vier Tellern mit den Ventresca-Scheiben und der Wasabi-Creme anrichten.

Carignano del Sulcis

Von Meeresduft und Wind geprägt

Das Hauptanbaugebiet des sardischen Carignano liegt im Südwesten der Insel, im Sulcis-Gebiet, etwa eine Autostunde von Cagliari entfernt, sowie auf den Inseln von Sant'Antioco und San Pietro. Hier haben bereits die Phönizier um 900 v. Chr. ihre ersten Niederlassungen auf Sardinien gegründet und mit dem Weinbau begonnen. Im heißen und trockenen Klima der Gegend liefert der Carignano, der mit dem Carignan aus Südfrankreich verwandt ist, die besten Ergebnisse.

Die Rebsorte ergibt gut strukturierte Weine mit hohem Alkoholgehalt – mit ein Grund dafür, dass die Carignano-Weine in der Vergangenheit oft als Verschnittweine in andere italienische Weinbaugegenden mit weitaus bekannteren Etiketten exportiert worden sind.

Mittlerweile gibt es im Sulcis-Gebiet einige namhafte Winzer, die aus dem Carignano durch dezenten Ausbau im Holzfass kraftvolle und ausgezeichnete Weine keltern: Weine mit kräftiger rubinroter Farbe, Aromen von reifen Pflaumen und Schwarzen Johannisbeeren in der Nase, warm, gerbstoffreich, intensiv und lang anhaltend im Gaumen.

Ristorante »Sa Cardiga e Su Schironi«

Auf dem Rost und am Spieß

Das Restaurant »Sa Cardiga e Su Schironi« in Capoterra vor den Toren Cagliaris ist das Fischlokal der Cagliaritaner par excellence. Hier treffen sich Familien und Freunde zum Festessen, Geschäftsleute zum Arbeitsessen und Feinschmecker zum exquisiten Dinner. Auf dem Speiseplan steht Fisch in allen Variationen, insbesondere jener aus den umliegenden *Stagni*, den riesigen Binnenseen an der Küste Cagliaris.

Bereits 1967 hat die Familie Murgia hier ihr Restaurant eröffnet. Ihrem Ziel, einfache Speisen und die in Vergessenheit geratenen traditionellen Fischgerichte der Gegend hochzuhalten, ist sie bis heute treu geblieben. Und das wird auch in Zukunft der Fall sein, wie Gianluca Murgia versichert. *Muggine* und *Triglia*, *Polpo* und vor allem *Anguille* – also Meeräsche und Meerbarbe, Oktopus und Aal – stehen täglich frisch auf der Speisekarte. Krustentiere kommen ausschließlich roh auf den Teller.

Aal wird im Restaurant »Sa Cardiga e Su Schironi« am Spieß auf dem Holzkohlefeuer gegrillt. So überzeugt der Aal mit knusprig-krokanter Haut und cremig-delikatem Fleisch.

Anguida su schirone

Aal vom Grill

Für 4 Personen · Zubereitung: 20 Minuten · Bratzeit: 15–20 Minuten · Schwierigkeitsgrad: leicht

4 kleine Aale (à 200–250 g)
grobes Salz zum Putzen
einige frische Lorbeerblätter
3 EL Olivenöl extra vergine
Salz

Die Aale ausnehmen, gründlich waschen und mit grobem Salz abrubbeln, um die schleimige Hautschicht zu entfernen. Die Aale kreisförmig auf Spieße fädeln und dazwischen jeweils Lorbeerblätter aufspießen. Mit Olivenöl einreiben, salzen und 15–20 Minuten unter häufigem Wenden auf dem Holzkohlegrill grillen.

Ein besonderes Rezept präsentiert das Restaurant »Sa Cardiga e Su Schironi« mit der *Anguida incasada*. Der Aal wird gekocht und dann mit *Pecorino fiore sardo* serviert.

Anguida incasada

Aal gekocht

Für 4 Personen · Zubereitung: 20 Minuten · Kochzeit: 20 Minuten · Schwierigkeitsgrad: leicht

2 kleinere Aale (à 200–250 g)
grobes Salz zum Putzen
2 EL Olivenöl extra vergine plus etwas Olivenöl zum Anrichten
einige frische Lorbeerblätter
Salz
4 Scheiben Pane carasau
Pecorino fiore sardo

Die Aale mit grobem Salz abrubbeln, um die schleimige Beschichtung zu entfernen. Dann ausnehmen, putzen, gründlich waschen, in Stücke schneiden und in 1,5 l kaltem Wasser mit dem Olivenöl, einigen Lorbeerblättern und etwas Salz etwa 20 Minuten kochen. Anschließend durch ein Sieb abgießen.

Auf vier Tellern je eine Scheibe *Pane carasau* anrichten und *Pecorino fiore sardo* daraufreiben, dann die Aalstücke darauf verteilen und mit Olivenöl und geriebenem *Pecorino fiore sardo* servieren.

Aal geschmort mit Kartoffeln und Tomatensauce – das Restaurant »Sa Cardiga e Su Schironi« hat sich auf herzhafte Aal-Gerichte spezialisiert.

Anguida in cassola

Aal geschmort

Für 4 Personen · Zubereitung: 30 Minuten · Kochzeit: 40 Minuten · Schwierigkeitsgrad: leicht

300 g festkochende Kartoffeln
Salz
2 mittlere Aale (à 300–350 g)
grobes Salz zum Putzen
2 Tomaten
1 Knoblauchzehe
½ Bund frische Petersilie
Olivenöl extra vergine zum Braten
100 g Tomatensauce (aus der Dose)
etwas Peperoncino (Chiliflocken)
200 ml Vermentino (oder anderer trockener Weißwein)
4 frische Lorbeerblätter zum Servieren

Die Kartoffeln in kochendem Salzwasser garen, pellen und in größere Stücke schneiden.

Die Aale mit grobem Salz abrubbeln, um die schleimige Hautschicht zu entfernen. Unter fließendem kaltem Wasser waschen und mit einem Tuch gut abtrocknen. Die Aale ausnehmen, putzen und in kleinere Stücke schneiden.

Die Tomaten waschen, trocken tupfen, die Stielansätze entfernen und das Fruchtfleisch in kleine Stücke schneiden. Die Knoblauchzehe abziehen und fein hacken. Die Petersilie waschen, trocken schütteln und fein hacken.

In einer großen Pfanne das Olivenöl erhitzen. Den Knoblauch darin goldbraun anschwitzen. Dann die Aalstücke dazugeben und 10 Minuten bei geringer Temperatur anbraten.

Die Tomatensauce und die Kartoffelstücke dazugeben und mit etwas *Peperoncino* würzen. Weitere 10 Minuten schmoren, dann den Weißwein angießen, Tomaten und Petersilie dazugeben und weitere 5–10 Minuten schmoren. Erst zum Schluss etwas salzen und heiß mit je einem Lorbeerblatt garniert servieren.

Außen knusprig und krokant, innen weich und delikat mit kräftigem Geschmack – der frittierte Aal zergeht gleichsam auf der Zunge ...

Anguilla fritta

Aal frittiert

Für 4 Personen · Zubereitung: 40 Minuten · Kochzeit: 15 Minuten · Schwierigkeitsgrad: leicht

800 g kleine Aale
grobes Salz zum Putzen
Olivenöl extra vergine zum Braten plus
Olivenöl für die Marinade
feiner Hartweizengrieß zum Panieren
½ Bund frische Petersilie
Salz

Die Aale mit grobem Salz abrubbeln, um die schleimige Hautschicht zu entfernen. Unter fließendem kaltem Wasser waschen und mit einem Tuch gut abtrocknen. Die Aale ausnehmen, putzen und in 5–6 cm lange Stücke schneiden.

In einer Pfanne Olivenöl erhitzen. Die Aalstücke in Hartweizengrieß wälzen und im heißen Olivenöl etwa 15 Minuten bei häufigem Wenden frittieren. Herausnehmen und auf Küchenpapier abtropfen lassen.

Die Petersilie waschen, trocken schütteln, Blättchen abzupfen und fein hacken. Aus dem restlichen Olivenöl, der Petersilie und etwas Salz eine Marinade herstellen. Die frittierten Aalstücke damit servieren.

Adressen

(in chronologischer Reihenfolge)

Ristorante »La Tavernetta«
San Teodoro, Porto Taverna, Spiaggia di Porto Taverna, Tel. +39 0789 40497, www.ristorante-latavernetta.it

Vermentino di Sardegna

- Capichera
Arzachena, Strada Arzachena/S. Antonio km 4, www.capichera.it

- Vigne Surrau
Arzachena, S.P. Porto Cervo Arzachena km 1, www.vignesurrau.it

- Tenute Sella & Mosca
Alghero, Loc. I Piani, www.sellaemosca.com

- Vinicola Cherchi di Cherchi
Usini, Località Sa Pala'e Sa Chessa, www.vinicolacherchi.com

Trattoria »Al Refettorio« – Cristiano Andreini
Alghero, Vicolo Adami 47, Tel. +39 079 9731126, www.forumviaggiatori.com

Academia Olearia – Famiglia Fois
Alghero, Via Demuro, Loc. Ungias – Galantè, Tel. +39 079 980394, www.accademiaolearia.com

L'Oro di Cabras – Bottarga »Fratelli Manca«
Cabras, Via G. Gina 5, Tel. +39 0783 290848, www.orodicabras.it

Agriturismo »Sa Crannaccia« – Cecilia Meli
Solana di Cabras, Via Amerigo Vespucci 32, Tel. +39 0783 290393, www.sacrannaccia.com

Vernaccia di Oristano

- Cantina Sociale della Vernaccia
Oristano, Via Oristano 6/A, Loc. Rimedio, www.vinovernaccia.com

- Contini Vini
Cabras, Via Genova 48/50, www.vinicontini.com

Sa Marigosa
Riola Sardo, SP7 km 5,900, Tel. +39 0783 290945, www.samarigosa.com

Ristorante »Locanda Da Renzo« – Renzo Corona
Siamaggiore, SS 292, km 99 Località »Sa Turritta«, Tel. +39 0783.33658, www.darenzo.it

Caseificio Mattia Moro – Mattia & Anna Moro
Azienda Agricola – Mamoiada, Loc. Badu Orgolesu 2, Tel. +39 328 0977639

Kilometrozero – Mamoiada, Corso Vittorio Emanuele III 11 – Tel. +39 320 1565180

Ristorante »Santa Rughe« – Marinella und Franco Pinna
Gavoi, Via Carlo Felice 2, Tel. +39 0784 53774, www.santarughe.it

B&B »Perda Pintà« da Maria Giovanna
Mamoiada, Via Nuoro 33,
Tel. +39 0784 56689, perdapinta@gmail.com

Cannonau di Sardegna
- Giuseppe Sedilesu Vini
Mamoiada, Via Vittorio Emanuele II 64,
www.giuseppesedilesu.com

- Francesco Cadinu Vini
Mamoiada, Via Vittorio Emanuele II 37,
Tel. +39 329 0906997

- VIKE VIKE Simone Sedilesu
Mamoiada, Via Galileo Galilei 3/5,
Tel. +39 348 2290179

- Giuseppe Gabbas
Nuoro, Via Trieste 59, www.gabbas.it

Enoteca »La Rossa« – Andrea Ladu
Mamoiada, Corso Vittorio Emanuele III –
Piazza Europa, Tel. +39 349 3921671

Dolceria »Antichi Sapori« di Rina Congiu
Mamoiada, Via Cagliari 16,
Tel. +39 0784 56690

Paolo Pinna coltellaio
Mamoiada, Via Curtone,
Tel. +39 349 6176993

Maschere Ruggero Mameli
Mamoiada, Via Crisponi 19,
Tel. +39 0784 56222,
www.mascheremameli.com

Museo delle Maschere Mediterranee
Mamoiada, Piazza Europa 15,
Tel. +39 0784 569018,
www.museodellemaschere.it

Experience Hotel »Su Gologone« –
Famiglia Palimodde
Oliena, Loc. Su Gologone SNC,
Tel. +39 0784 287512, www.sugologone.it

Museo della Vita e delle Tradizioni
Popolari Sarde
Nuoro, Via A. Mereu 56,
Tel. +39 0784 257035, www.isresardegna.it

Museo del Ricamo e del Costume
»Frores de Oro«
Oliena, Piazza Berlinguer, Centro Turistico –
www.sardegnaturismo.it

Tessuti Su Trobasciu, Cooperativa donne
Mogoro, Via Antonio Gramsci 1,
Tel. +39 0783 990581, www.sutrobasciu.com

Zafferano Itria
Turri, Via E. Berlinguer 3, Tel. +39 0783 95101,
www.zafferanodisardegna.it

B&B »Sa Muredda«
Villanovaforru, Vico San Sebastiano sn,
Tel. +39 070 9331142, www.samuredda.it

Ristorante »Josto« – Pierluigi Fais
Cagliari, Via Sassari 25/26,
Tel. +39 070 3510722

Mercato San Benedetto
Cagliari, Via Cocco Ortu

Bottega »Sabores« –
Samuele Muscas und Nicola Marungiu
Cagliari, Via Baylle 6, Tel. +39 070 6848747

Winebar »Cucina.eat« – Alessandra Meddi
Piazza Galileo Galilei 1,
Tel. +39 070 0991098, www.shopcucina.it

Pizzeria »Framento«
Cagliari, Corso Vittorio Emanuele II 82,
Tel. +39 070 6670370, www.framento.it

Nuragus di Cagliari und Monica di Sardegna

- Azienda Agricola Antonella Corda
Serdiana, Loc. Pranu Raimondo SS 466, km 6,800, www.antonellacorda.it

- Argiolas
Serdiana, Via Roma 28/30, www.argiolas.it

- Audarya
Serdiana, Loc. Sa Perdera SS 466, km 10,100, www.audarya.it

Osteria »Kobuta« – Riccardo Porceddu
Cagliari, Via Sardegna 56, Tel. +39 070 657556, www.osteriakobuta.it

Birrificio Artigianale La Barley
Maracalagonis, Località Is Tramatzus, S.P. 15 a 0,5 km dalla SS 125, www.barley.it

Ristorante »Luigi Pomata«
Cagliari, Viale Regina Margherita 18, Tel. +39 070 672058, www.luigipomata.com

Carignano del Sulcis

- Cantina Santadi
Santadi, Via Cagliari 78, www.cantinadisantadi.it

- Giba 6Mura
Giba, Via Principe di Piemonte 16

- Mesa
Sant'Anna Arresi, Loc. Su Baroni, www.cantinemesa.it

Trattoria »Sa Cardiga e Su Schironi« – Famiglia Murgia
Capoterra, Località La Maddalena Spiaggia SNC, Tel. +39 070 71652

Hotel »Panorama«
Cagliari, Viale A. Diaz 231, Tel. +39 070 307691, www.hotelpanorama.it

Dank

Autor und Fotograf bedanken sich vor allem bei den Sarden Giuseppe Carrus und Francesco Sedilesu sowie beim Wahlsarden Dario Cappelloni für ihre wertvollen Tipps und ihre Hilfe, ferner bei Familie Palimodde vom »Experience Hotel Su Gologone«, bei der Direktion des Hotels »Panorama« in Cagliari sowie bei den Mitarbeitern von ENIT, besonders bei Christine Frank, bei Sonja Erhard-Sworowski von Oscar Reisen, bei Frieder Bechtel von billiger-mietwagen.de, bei Nicoletta De Rossi und Timo Lutz. Sie alle hatten immer ein offenes Ohr für unsere Wünsche und haben sehr zur Entstehung dieses Buches beigetragen. Danke.

Rezeptregister

Register aller Rezepte

Register der italienischen und sardischen Rezepttitel

Impressum

Produktmanagement: Sonya Mayer
Umschlaggestaltung, Layout, Satz: A flock of sheep
Titelillustration: Marcus Taeschner, unter Verwendung eines Fotos von shutterstock/D.serra1
Redaktion: Doreen Köstler
Korrektur: Franziska Sorgenfrei
Repro: LUDWIG:media
Herstellung: Bettina Schippel
Printed in Italy by Printer Trento

Text & Rezepte: Herbert Taschler
Fotografie: Udo Bernhart

Unser komplettes Programm finden Sie unter:
www.christian-verlag.de

Alle Angaben in diesem Werk wurden vom Autor sorgfältig recherchiert und auf den aktuellen Stand gebracht sowie vom Verlag geprüft. Für die Richtigkeit der Angaben kann jedoch keinerlei Haftung übernommen werden. Sollte dieses Werk Links auf Webseiten Dritter enthalten, so machen wir uns die Inhalte nicht zu eigen und übernehmen für die Inhalte keine Haftung.

Die Deutsche Nationalbibliothek verzeichnet diese Publikation in der Deutschen Nationalbibliografie; detaillierte bibliografische Daten sind im Internet über http://dnb.d-nb.de abrufbar.

ISBN 978-3-95961-290-6

★★★★★

Sind Sie mit diesem Titel zufrieden? Dann würden wir uns über Ihre Weiterempfehlung freuen.

Erzählen Sie es im Freundeskreis, berichten Sie Ihrem Buchhändler oder bewerten Sie bei Onlinekauf. Und wenn Sie Kritik, Korrekturen, Aktualisierungen haben, freuen wir uns über Ihre Nachricht an

Christian Verlag
Postfach 40 02 09, D-8070 München
oder per E-Mail an lektorat@verlagshaus.de

Mitmachen & mitreden – gemeinsam mit uns Koch- und Ernährungsbücher gestalten!

Für Sie ist Kochen viel mehr als nur Zubereitung von Nahrung? Kochen ist Ihre Leidenschaft? Dann haben wir für Sie unser neues Christian Verlag-Kundenpanel Koch- und Ernährungsbuch gefunden. Machen Sie mit:

http://christian-verlag.de/kundenpanel